JN040963

仏検

3

級レベル
重要単語

音声無料
ダウンロード
付き

松川雄哉

語研

はじめに

　本書は，実用フランス語技能検定試験3級（以下，仏検3級）合格に必要な語彙を習得することを目的としています。本書に掲載されている語彙はテーマごとに分類されているため，意味的なつながりを意識しながら単語の学習を進めることができるようになっています。また仏検3級で新たに出題される文法事項については，本書の「おさえておきたい文法事項」で簡単に説明しています。

　『仏検4級レベル重要単語』では，フランス語学習において目指す目標として，「最も頻度の高い2000語覚えること」をお話ししました。仏検5級から3級までの学習でおよそ1800語の単語を学ぶことになりますので，あと少しで「2000語の壁」の向こう側が見えてきますね。この壁を越えれば，フランス語の成長をより一層実感できるのではないかと思います。

　仏検3級レベルに達してくると，語彙や文法知識が増え，今度は身の回りのことや自分の考えをフランス語で表現したくなる頃ではないでしょうか。仏検では，単語を目で見て，また耳で聞いて理解するための語彙知識が主に求められますが，これからは「語彙を使う」という意識を常に持ちながら学習に臨むことをおすすめします。それには，まずÀ tout à l'heure.（また後で）やAvec plaisir.（よろこんで）など日常でよく使われる提携表現をたくさん覚えることが重要です。もう一つ，ある単語が他のどのような単語と一緒に使われやすいかという語彙の組み合わせを覚えることも意識してみましょう。例えば，仏検4級レベルのtraverser（〜を渡る，横切る）と一緒に使える名詞はいくつ言えますか。la rue（通り），la rivière（川），la ville（町），le pont（橋）などいくつもあります。このように，「フランス語（traverser）― 日本語訳（〜を渡る）」のリンクだけでなく，すでに覚えたフランス語の単語同士を頭の中でつなげておき（traverser ― [la rue／la rivière／la ville ...]），すぐに使える状態にしておくこともフランス語運用能力を高めることにつながります。

　最後になりましたが，フランス語のチェックを担当してくださったChloé VIATTE先生には心から感謝申し上げます。的確なご指摘をいただき，仏検3級のレベルに適した良質な例文を提案してくださり大変勉強になりました。そして，今回も編集を担当いただいた宮崎喜子氏の根気強く精密な作業にはただただ感服するばかりでした。この場を借りて深く御礼申し上げます。

2023年10月

松川雄哉

目 次

【校閲】Chloé VIATTE　　【装丁】高嶋良枝

本書の紙面構成と凡例

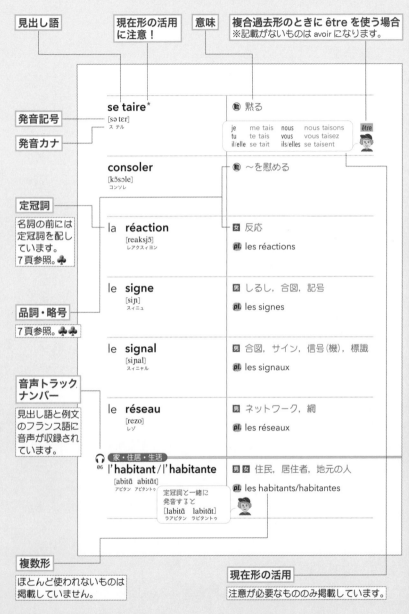

見出し語

現在形の活用に注意！

意味

複合過去形のときに être を使う場合
※記載がないものは avoir になります。

発音記号

発音カナ

se taire*
[sə ter]
ス テル

● 黙る

je	me tais	nous	nous taisons
tu	te tais	vous	vous taisez
il/elle	se tait	ils/elles	se taisent

être

consoler
[kɔ̃sɔle]
コンソレ

● ～を慰める

定冠詞

名詞の前には定冠詞を配しています。
7頁参照。♣

la réaction
[reaksjɔ̃]
レアクスィヨン

女 反応

pl. les réactions

品詞・略号

7頁参照。♣♣

le signe
[siɲ]
スィニュ

男 しるし，合図，記号

pl. les signes

le signal
[siɲal]
スィニャル

男 合図，サイン，信号(機)，標識

pl. les signaux

音声トラックナンバー

見出し語と例文のフランス語に音声が収録されています。

le réseau
[rezo]
レゾ

男 ネットワーク，網

pl. les réseaux

🎧 家・住居・生活
06 l'habitant / l'habitante
[abitɑ̃ abitɑ̃t]
アビタン アビタントゥ

定冠詞と一緒に発音すると
[labitɑ̃ labitɑ̃t]
ラアビタン ラビタントゥ

男 女 住民，居住者，地元の人

pl. les habitants/habitantes

複数形

ほとんど使われないものは掲載していません。

現在形の活用

注意が必要なもののみ掲載しています。

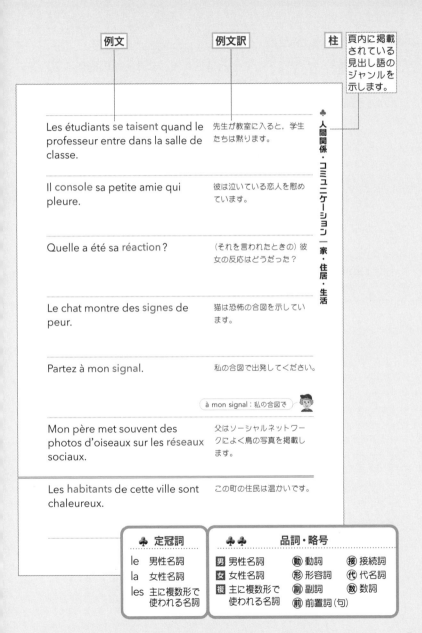

Les étudiants se taisent quand le professeur entre dans la salle de classe.	先生が教室に入ると，学生たちは黙ります。	♣ 人間関係・コミュニケーション ｜ 家・住居・生活
Il console sa petite amie qui pleure.	彼は泣いている恋人を慰めています。	
Quelle a été sa réaction ?	（それを言われたときの）彼女の反応はどうだった？	
Le chat montre des signes de peur.	猫は恐怖の合図を示しています。	
Partez à mon signal.	私の合図で出発してください。	

à mon signal：私の合図で

Mon père met souvent des photos d'oiseaux sur les réseaux sociaux.	父はソーシャルネットワークによく鳥の写真を掲載します。
Les habitants de cette ville sont chaleureux.	この町の住民は温かいです。

♣ 定冠詞		♣ ♣ 品詞・略号		
le	男性名詞	男 男性名詞	動 動詞	接 接続詞
la	女性名詞	女 女性名詞	形 形容詞	代 代名詞
les	主に複数形で使われる名詞	複 主に複数形で使われる名詞	副 副詞	数 数詞
			前 前置詞（句）	

🔔 前未来形

　未来のある時点で完了している事柄を表します。文の構造は複合過去形のように「**avoir＋過去分詞**」や「**être＋過去分詞**」の型をとります。avoir と être は，単純未来形で活用させます。

　　J'aurai **fini** mon travail.　　私は仕事を終えてしまっているでしょう。

> aurai は avoir の単純未来形の活用
> fini は動詞 finir の過去分詞

　上の文に例えば à 18 heures（18 時には…）という情報を加えると，そのときまでに仕事が完了することを表すことができます。

　　J'aurai **fini** mon travail <u>à 18 heures</u>.
　　　18 時には，私は仕事を終えてしまっているでしょう。

🔔 大過去形

　過去のある時点よりも前に完了している事柄を表します。こちらも，文の構造は複合過去形のように「**avoir＋過去分詞**」や「**être＋過去分詞**」の型をとります。avoir と être は，半過去形で活用させます。

　　Le train **était** déjà **parti**.　　電車はもう出発してしまっていました。

> était は être の半過去形
> parti は動詞 partir の過去分詞

8

先の文では，過去のどの時点よりも前に電車が出発していたのかがわかりませんので，例えば「エマが駅に着いたとき」という情報を加えて状況をよりイメージしやすくしてみましょう。

Quand Emma est arrivée à la gare, le train était déjà parti.
エマが駅に着いたとき，電車はもう出発してしまっていました。

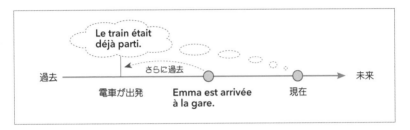

このとき，エマが駅に着いた出来事は複合過去形で表します。

🔖 条件法現在形

Je voudrais 200 grammes de poulet.
鶏肉を 200 グラム欲しいのですが。

Est-ce que tu pourrais acheter des yaourts au supermarché, s'il te plaît ?
スーパーでヨーグルトを買ってくれないかい？

　遠まわしにしたいことやほしい物，頼みたいことを伝える Je voudrais ... や Tu pourrais ... は，実はそれぞれ動詞 vouloir・pouvoir の条件法現在形と呼ばれる活用です。上の文では，「語気緩和」という用法が使われています。他にも，様々な用法がありますが，ここではよく使う用法をご紹介します。

① 過去における未来

Nathan m'a dit que sa petite amie **irait** à Montréal le mois prochain.　　ナタンは，彼の恋人が来月モントリオールに行くと私に言った。

「私に言った」という過去の出来事において，「彼の恋人が来月モントリオールに行く」ことになっています。このとき，**irait は動詞 aller の条件法現在**という形です。ここで，irait の形を見てみましょう。

j'**irais**	nous **irions**
tu **irais**	vous **iriez**
il **irait** / elle **irait**	ils **iraient** / elles **iraient**

「**過去の話における未来**」ということで ir- の部分は単純未来形の語幹で，さらに -ait は，半過去形の活用語尾です。

② 「もし～なら，…なのになぁ」と現状と反することを言う

Si Nathan **était** là, la soirée **serait** plus amusante.
もしナタンがいたら，夜会はもっと楽しいのになぁ。

> 実際，ナタンは夜会の場にいない。

仮定を導く si の中では，**動詞 être の半過去形**が使われています。**serait は動詞 être の条件法現在形**です。ちなみに未来形なら，la soirée sera…ですね。

🔰 接続法現在

この接続法という活用は，主に **que** が導く従属節の中で使われます。それには条件があり，que の内容に応じて接続法が使われるかどうかが決まります。いくつか例を見てみましょう。

que 以下の内容が…

① 不確実なとき

Il n'est pas certain **qu**'elle **arrive** ce soir.
今夜彼女が到着することは確かではありません。

② 感情の原因であるとき

Je suis content **que** tu **viennes** ce soir.
君が今夜来てくれてうれしいです。

③ 必要性・義務を表すとき

Il faut **que** je **parte** tout de suite.　今すぐに発たなければなりません。

④ 願望であるとき

Je voudrais **que** tu **sois** plus gentil avec ta petite sœur.
もっと妹にやさしくしてほしいんだけどなぁ。

⑤ 目的を表すとき

Je dois gagner beaucoup d'argent pour **que** mon fils **puisse** étudier à l'étranger.
私は息子が海外留学できるように，たくさんのお金を稼がなければなりません。

半過去形や単純未来形などのように，接続法の活用にも決まった活用語尾があります。

j'arriv**e**	nous arriv**ions**
tu arriv**es**	vous arriv**iez**
il arriv**e** / elle arriv**e**	ils arriv**ent** / elles arriv**ent**

　実は，**je**，**tu**，**il/elle**，**ils/elles** の活用語尾は，「er 動詞」の現在形の活用語尾と同じです。**nous** と **vous** については，半過去形の活用語尾と同じです。形が変わらない活用の語幹は，動詞の現在形の ils/elles の活用から作ります。例えば，finir（〜を終える）の場合，ils **finissent** となります。finissent から ent を取った **finiss** が語幹です。

　その他，④の sois（原形：être）のように接続法専用の活用形を持つ動詞もあります。

> venir（来る）のように nous と vous の語幹だけ他と異なる動詞もあります。

● 現在分詞 (-ant)

　動詞の一部に -ant を付け足したような形をしていて，名詞の後において「〜している【名詞】／〜する【名詞】」と形容詞のような働きをします（性や数に応じた変化はしません）。

　動詞から現在分詞を作るには，それぞれの動詞の**現在形 nous の活用**から**アクセス**します。活用語尾の **-ons** を **-ant に変える**だけです。

　例えば dormir（nous dorm**ons**）は，dorm**ant** になります。

　le chat dormant sur mon lit　　ベッドの上に寝ている猫

être，avoir，savoir については，それぞれ **étant**，**ayant**，**sachant** と例外的な形を持っています。

♛ ジェロンディフ

「**en ＋現在分詞**」で，文中の主語が動作を行う際の様々な状況を説明することができます。

① 同時性：「〜しながら」

Je dîne souvent **en regardant** la télé.
私はよくテレビを見ながら夕食をとります。

② 手段：「〜することによって」・「〜して」

Il gagne de l'argent **en travaillant** comme guide.
彼はガイドとして働いてお金を稼いでいます。

③ 条件：「〜すれば」

En prenant un taxi, tu y arriveras à l'heure.
タクシーに乗れば時間通りに着くでしょう。

④ 対立・譲歩：「〜だけど」

Elle est très heureuse **tout en étant** pauvre.
彼女は貧しいですがとても幸せです。

> 「tout en ＋現在分詞」の形で使われることがあります。

https://www.goken-net.co.jp/catalog/appendix/398.html

> 上記の QR コードまたは URL から，「条件法現在形・接続法現在形・現在分詞のリスト」のページにアクセスできます。リストには，基本的な動詞の je の活用形のみ（※一部例外あり）を掲載しています。

◔ 知覚動詞

voir（～が見える），regarder（～を見る），entendre（～が聞こえる），
écouter（～を聞く），sentir（～を感じる）のように**知覚に関連する動詞**は，
後に**直接目的語と動詞の原形**を置いて「～が…するのを見る」などと言う
ことができます。

J'**ai vu** **Pierre** **manger** ton dessert.
知覚動詞　　voir の　　　動詞の原形
voir　　　直接目的語

ピエールが君のデザートを食べるのを見ました。

> 語順は１つだけで
> はありませんが，
> ここでは基本的な
> ものを掲載するに
> 留めます。

Mon mari **regarde** **le bébé** **dormir**.
　　　　　知覚動詞　　regarder の　動詞の原形
　　　　　regarder　直接目的語

私の夫は赤ちゃんが寝ているのを見ています。

◔ 使役動詞

【faire ＋動詞の原形】で「～させる」という意味を表します。これら２つ
の動詞は切り離すことはありません。**動作主は，動詞の原形の後**に置きます。

J'**ai fait rire** **mon amie** avec cette histoire.
　　使役動詞　　　　rire の
　　「笑わせた」　　動作主

私はこの話で友人を笑わせました。

動詞の原形が直接目的語を伴う場合，動作主の前に à を置きます。

J'**ai fait nettoyer** **la salle de bain** **à mon fils**.
　　使役動詞　　　　　　nettoyer の　　　　nettoyer
　　「～を掃除させた」　直接目的語　　　　　の動作主

息子に浴室を掃除させました。

14

🔱 放任動詞

動詞 laisser（〜させておく）の後に直接目的語と動詞の原形を置いて「〜を…させておく」と言うことができます。

Je **laisse** **mon chat** **sortir**.　　猫を外に行かせます。

　放任動詞　　laisser の　　　動詞の原形
　laisser　　直接目的語

Je **laisse** **mon cousin** **utiliser** ma voiture.

　放任動詞　　laisser の　　　　動詞の原形
　laisser　　直接目的語

いとこに私の車を使わせます。

> 語順は 1 つだけではありませんが、ここでは基本的なものを掲載するに留めます。

🔱 受動態

Emma は、足を捻挫してしまい歩行が困難なので、友人の Marie が彼女を支えています。この状況では、以下の二通りの文が可能です。

支える = soutenir

① Marie **soutient** Emma.

　マリーは（歩くために）エマを支えています。

② Emma **est soutenue par** Marie.

　エマはマリーによって支えられています。

②の文では、「〜を支える（soutenir）」対象である Emma が主語となり、「支えられる」という受け身の意味になっています。このような場合、フランス語では以下のような構文を取ります。

> **être + 他動詞の過去分詞 + par/de 動作主**

このとき、過去分詞は形容詞のように**主語の性と数に合わせて e や s を付けます**。②の場合、女性の Emma が主語なので soutenir の過去分詞

15

soutenu が女性形（soutenue）になっています。

　本書に掲載されている形容詞 couvert/couverte（覆われている）は，動詞 couvrir（〜を覆う）の過去分詞形です。このように**継続的な状態動詞の場合，受動態では par ではなく de** を使います。

> Dans ce village, les maisons **sont couvertes de** neige en hiver.
> 冬の間，この村の家は雪に覆われています。

　また，aimer（〜が好きである），adorer（〜が大好きである），respecter（〜を尊敬する）など感情に関わる動詞の場合でも de を使います。

> Emma **est aimée de** tout le monde.　　エマは皆から好かれています。

● 間接話法

　人と話していて，あなたが自分の話の中で**自分以外の人の言葉を引用すること**がありますよね。**このときに使う表現方法を話法**と言います。
　日本語の鍵括弧「　」やフランス語の引用符 « 　» を使って表現するのを直接話法と呼びます。一方で間接話法は，「彼女は〜と私に言った／Elle m'a dit que...」などといった表現方法を指します。

直接話法	間接話法
Elle dit : « **J**'étudie l'anglais tous les jours. » 「毎日英語を勉強しています」と彼女は言っています。	Elle dit qu'**elle** étudie l'anglais tous les jours. 彼女は，毎日英語を勉強していると言っています。

間接話法では，**que 以下で使われる動詞の時制**に注意が必要です。

直接話法	間接話法
Il m'a dit : « Emma **est partie** en France. » 「エマはフランスへ出発した」と彼は私に言いました。	Il m'a dit qu'Emma **était partie** en France. 彼は，エマはフランスへ出発したと私に言いました。

　この場合，エマは「…と彼が私に言った（Il m'a dit que…）」ときよりも以前にフランスへ出発していたので，間接話法では que 以下の動詞は大過去の形になります。

17

☾ 関係代名詞 dont

ある名詞に動詞を含む少し長い情報を付け加えるための接着剤として使うのが関係代名詞ですが，ある名詞に dont を使うときは，**dont が導く節の中でその名詞が前置詞 de と共に使われる**ことが前提になっています。

① J'ai <u>un ami</u>.　　　　　　　　<u>友人</u>が一人います。
② <u>Sa</u> cousine travaille à Paris.　<u>彼の</u>いとこはパリで働いています。

↓

ここでは，**La cousine <u>de cet ami</u>**（<u>その友人の</u>いとこ）と考えます。

➡ dont

②の情報を①の **un ami** に接続させて，「**いとこがパリで働いている友人が一人います**」とするには，**de cet ami** を **dont** に変えて，以下のように **un ami** の後に置きます。

J'ai <u>un ami</u> dont la cousine travaille à Paris.
　いとこがパリで働いている友人が一人います。

このように，**dont は「de ＋名詞」の代わり**となり，名詞とそれを修飾する節のつなぎ役になっています。上記の用法は，友人がいて，「<u>その</u>いとこが…」とつながるパターンです。

またフランス語には，parler de... （〜について話す） や avoir besoin de... （〜を必要とする） といった「**de ＋名詞**」を伴う動詞表現が数多くあり，これらの表現を使って名詞を修飾するときも dont を使います。

状況：映画のポスターを指さして

C'est **le film** dont je t'ai parlé hier.　あれが昨日君に話した映画です。

↓

C'est **le film**.　　　　　　　　　あれが**映画**です。
Je t'ai parlé **de ce film** hier.　昨日**その映画について**君に話しました。

➡ dont

♛ 関係代名詞 où

関係代名詞の où は，ある名詞があって「**そこで**」・「**そのとき**」にある**動作が行われる**ことを表す節を導きます。そのため, この où は, 場所 （例: université） や時間 （例 : jour） に関する名詞と一緒に使われます。

C'est **l'université** où Fabien a étudié les mathématiques.
　これはファビアンが数学を勉強した大学です。

Je serai très occupée **le jour** où Françoise arrivera.
　フランソワーズが到着する日，私はとても忙しいです。

🌀 疑問代名詞「どの，どの人」

疑問代名詞は，**話題になっている複数の物・人のうちから「どれ？／だれ？」などと尋ねる**ときに使います。文の中で**主語**や**動詞の目的語**などとして使われます。文字通り「代名詞」の一種なので，受ける名詞の性・数によって形が変わります。

	単数	複数
男性	lequel	lesquels
女性	laquelle	lesquelles

状況：洋服屋でTシャツ（=un T-shirt）を選んでいる友人に対して

Lequel préfères-tu ?　　どれが一番好き？

> lequel は，動詞 préférer の直接目的語

状況：2人のうちどちらが会議に出席するのか確認したい

Mme Tremblay ou Mme Gagnon, **laquelle** va assister à la réunion ?
トランブレー氏かガニョン氏，どちらが会議に出席しますか。

> laquelle は，動詞 aller の主語

🌀 所有代名詞「〜の（もの）」

例えば，「（駐車場で）僕の車はここだけど君のは？」というフレーズでは，「僕の車」と「君の車」の2台が話題になっていますね。「車」という語の**繰り返しを避けるため**，文末では「君の」としています。

フランス語においても，「voiture（車）」の繰り返しを避けるために「君の（もの）」に相当する所有代名詞を使います。

	男性単数	女性単数	男性複数	女性複数
私のもの	le mien	la mienne	les miens	les miennes
君のもの	le tien	la tienne	les tiens	les tiennes
彼・彼女のもの	le sien	la sienne	les siens	les siennes
私たちのもの	le nôtre	la nôtre	les nôtres	
あなた（たち）のもの	le vôtre	la vôtre	les vôtres	
彼・彼女らのもの	le leur	la leur	les leurs	

「〜のもの」といったときの 「もの」 の性・数に応じて形や定冠詞が変わります。

Ma voiture est ici, mais où est la tienne ?

僕の車はここだけど，君の（車）はどこ？　　la tienne = ta voiture

Tes gants sont plus chauds que les siens.

君の手袋は彼の（手袋）より暖かいね。　　les siens = ses gants

01 humain / humaine
[ymɛ̃ ymɛn]
ユマン　ユメヌ

形 人間の，人間的な

chacun / chacune
[ʃakœ̃ ʃakyn]
シャカン　シャキュヌ

代 各々

不定代名詞

le **prénom**
[prenɔ̃]
プレノン

男 名前，ファーストネーム

pl. les prénoms

le nom：男 名前

signer
[siɲe]
スィニェ

動 ～に署名する

le **petit-fils**
[pətifis]
プティフィス

男 （男の）孫

pl. les petits-fils

la **petite-fille**
[pətitfij]
プティトゥフィユ

女 （女の）孫

pl. les petites-filles

les **petits-enfants**
[pətizɑ̃fɑ̃]
プティザンファン

男 複 孫たち

Nous sommes tous humains.　　　私たちはみんな人間です。

Les enfants ont reçu deux cahiers chacun.　　　子どもたちはそれぞれノートを2冊受け取りました。

Chacun apporte son plat à la soirée.　　　それぞれがパーティーに料理を1品持ち寄りましょう。

Quel est le prénom de cette femme que tu as rencontrée ?　　　君が会った女性の名前は何ですか。

L'artiste a signé le tableau.　　　芸術家は絵にサインをしました。

Mon petit-fils aime jouer du piano.　　　私の孫はピアノを弾くのが好きです。

Sa petite-fille est venue la voir la semaine dernière.　　　彼女の孫が先週彼女に会いに来ました。

Mes parents veulent beaucoup de petits-enfants.　　　両親はたくさんの孫を欲しがっています。

∩ 02

le **caractère** [karaktɛr] キャラクテル	男 性格，特徴 *pl.* les caractères
poli/polie [pɔli pɔli] ポリ ポリ	形 礼儀正しい ⇔ impoli(-e)：形 無礼な
aimable [ɛmabl] エマブル	形 親切な
honnête [ɔnɛt] オネトゥ	形 正直な，誠実な ⇔ malhonnête：形 不正直な，不誠 実な
travailleur/ travailleuse [travajœr travajøz] トゥラヴァイユル トゥラヴァイユズ	形 勤勉な
paresseux/ paresseuse [parɛsø parɛsøz] パレス パレスズ	形 なまけ者の，怠惰な
curieux/curieuse [kyrjø kyrjøz] キュリユ キュリユズ	形 好奇心の強い，興味深い

Ces deux sœurs ont des caractères très différents.

こちらの2人の姉妹は性格がとても違います。

Ce chauffeur de taxi n'est pas très poli.

このタクシー運転手はあまり礼儀正しくありません。

Cette femme était très aimable.

この女性はとても親切でした。

Mes grands-parents sont des gens honnêtes.

私の祖父母は正直な人たちです。

C'est un homme très travailleur.

あちらはとても勤勉な男性です。

Quand il fait très chaud, je deviens paresseux.

とても暑いとき，私はなまけてしまいます。

Elle est vive et très curieuse.

彼女は活発でとても好奇心が強いです。

violent / violente
[vjɔlɑ̃ vjɔlɑ̃t]
ヴィヨラン ヴィヨラントゥ

形 乱暴な，激しい

---

ferme
[fɛrm]
フェルム

形 断固とした，固い

---

sérieusement
[serjøzmɑ̃]
セリユズマン

副 真剣に，まじめに

---

rapidement
[rapidəmɑ̃]
ラピドゥマン

副 急いで，すぐに

⇔ lentement：副 ゆっくりと

---

03 人生

l'expérience
[ɛksperjɑ̃s]
エクスペリヤンス

定冠詞と一緒に
発音すると
[lɛksperjɑ̃s]
レクスペリヤンス

女 経験

pl. les expériences

---

la **fortune**
[fɔrtyn]
フォルテュヌ

女 財産，運命

pl. les fortunes

---

la **jeunesse**
[ʒœnɛs]
ジュネス

女 若さ，青春時代

pl. les jeunesses

L'homme est tout à coup devenu violent.

その男性は突然乱暴になりました。

tout à coup：突然

Le professeur est ferme avec ses étudiants.

先生は学生に対して毅然とした態度で接しています。

Il pense sérieusement à changer de travail.

彼は真剣に転職しようと考えています。

Olivia a rapidement fermé la porte.

オリヴィアは素早くドアを閉めました。

Ce professeur japonais a de l'expérience avec les étudiants étrangers.

この日本人の先生は外国人学生に教えた経験があります。

Il a fait fortune en vendant des terres.

彼は土地を売って財産を築きました。

faire fortune：財産を築く

La jeunesse passe trop vite.

青春時代はあっという間に過ぎてしまいます。

la **vieillesse** [vjɛjɛs] ヴィエイエス	女 老い, 老年 *pl.* les vieillesses
la **retraite** [rətrɛt] ルトゥレトゥ	女 引退, 退職 *pl.* les retraites
la **mort** [mɔr] モル	女 死

🎧 存在

exister [ɛgziste] エグズィステ	動 存在する, 生きる

> Il existe ～：～がある

appartenir* [apartənir] アパルトゥニル	動 [à ～] ～に所属する, ～のもの である

j'	appartiens	nous	appartenons
tu	appartiens	vous	appartenez
il/elle	appartient	ils/elles	appartiennent

réel/réelle [reɛl reɛl] レエル レエル	形 現実の, 実在の, 本当の ⇔ irréel(-le)：形 非現実の

présent/présente [prezɑ̃ prezɑ̃t] プレザン プレザントゥ	形 出席している, 存在する ⇔ absent(-e)：形 欠席している, 不 在の

La **vieillesse** amène souvent des problèmes de santé.

老いは健康上の問題をよく引き起こします。

amener : 動 〜を引き起こす

Il m'a dit que son père avait pris sa **retraite** en janvier.

彼は彼の父が1月に退職したと私に言いました。

prendre sa retraite : 退職する

J'étais en France, quand j'ai appris la **mort** de mon père.

父の死を知ったとき、私はフランスにいました。

Crois-tu que les **licornes** existent ?

ユニコーンが存在すると思う?

licorne : 女 ユニコーン

Ce chapeau **appartient** à Julien.

この帽子はジュリアンのです。

Au musée, j'ai vu une **sculpture** de cheval de taille réelle.

博物館で原寸大の馬の彫刻を見ました。

sculpture : 女 彫刻

Mes amis étaient tous **présents** à mon anniversaire.

友人全員、私の誕生日パーティーに出席していました。

---

l'absence

[apsɑ̃s]
アプサンス

定冠詞と一緒に
発音すると
[lapsɑ̃s]
ラプサンス

女 欠席，不在

pl. les absences

⇔ la présence：**女** 出席，存在

disparaître*

[disparɛtr]
ディスパレトゥル

動 消える，いなくなる

disparaitreとも書く。

je	disparais	nous	disparaissons
tu	disparais	vous	disparaissez
il/elle	disparaît/disparait	ils/elles	disparaissent

🎧 人間関係・コミュニケーション

05 la **relation**

[rəlɑsjɔ̃]
ルラスィヨン

女 関係

pl. les relations

l'amitié

[amitje]
アミティエ

定冠詞と一緒に
発音すると
[lamitje]
ラミティエ

女 友情

pl. les amitiés

se connaître*

[sə kɔnɛtr]
ス コネトゥル

動 知り合う，己を知る

se connaitreとも書く。

être

je	me connais	nous	nous connaissons
tu	te connais	vous	vous connaissez
il/elle/on	se connaît/connait	ils/elles	se connaissent

se rencontrer

[sə rɑ̃kɔ̃tre]
ス ランコントゥル

動 出会う，知り合う

意味的に複数でよく使われる。

être

se voir*

[sə vwar]
ス ヴワル

動 （互いに）会う，自分の姿を見る

être

je	me vois	nous	nous voyons
tu	te vois	vous	vous voyez
il/elle	se voit	ils/elles	se voient

30

Le courage n'est pas l'absence de peur.

勇気とは恐怖がないことではありません。

Mon chat a disparu pendant plusieurs jours.

猫は何日も行方不明でした。

Quelle est leur relation ?

彼 (女) らの関係はどんなですか。

L'amitié est comme un jardin, il faut l'entretenir.

友情は庭みたいなもので、手入れが必要です。

entretenir：動 ～の手入れをする

On se connaît depuis très longtemps.

私たちはずっと前から知り合いです。

Où vous êtes-vous rencontrés ?

あなたたちはどこで出会ったのですか。

Ils se voient tous les jours en rentrant du travail.

彼らは毎日仕事帰りに会います。

se retrouver
[sə rətruve]
ス ルトゥルヴェ

動 再会する，落ち合う

être

---

la **promesse**
[prɔmɛs]
プロメス

女 約束

pl. les promesses

---

promettre*
[prɔmɛtr]
プロメトゥル

動 ～を約束する

je	promets	nous	promettons
tu	promets	vous	promettez
il/elle	promet	ils/elles	promettent

---

emprunter
[ɑ̃prœ̃te]
アンプランテ

動 ～を借りる

⇔ prêter：動 ～を貸す

---

se séparer
[sə separe]
ス セパレ

動 ～と別れる

être

---

le **contact**
[kɔ̃takt]
コンタクトゥ

男 接触，交渉

pl. les contacts

---

la **communication**
[kɔmynikasjɔ̃]
コミュニカスィヨン

女 コミュニケーション，通信

pl. les communications

Où est-ce qu'on se retrouve demain ?

明日，どこで会う？

C'est important de tenir ses promesses.

約束を守ることは重要です。

Il a promis à son père de revenir à la maison avant minuit.

彼は父に午前 0 時までには家に帰ると約束しました。

Elle emprunte la voiture à sa mère.

彼女は母親から車を借りています。

Ils se sont séparés à la gare.

彼らは駅で別れました。

Le contact humain est important.

人との触れ合いは大切です。

Oh, la communication a été coupée.

あ，通信が途絶えました。

saluer
[salɥe]
サリュエ

動 ～に挨拶をする

---

la **conversation**
[kɔ̃vɛrsasjɔ̃]
コンヴェルサスィヨン

女 会話

pl. les conversations

---

la **réponse**
[repɔ̃s]
レポンス

女 答, 返事

pl. les réponses

---

le **message**
[mesɑʒ]
メサジュ

男 伝言, メッセージ

pl. les messages

---

l' **appel**
[apɛl]
アペル

定冠詞と一緒に
発音すると
[lapɛl]
ラペル

男 通話, 呼ぶこと

pl. les appels

---

rappeler*
[raple]
ラプレ

動 ～に再び電話する, ～を再び呼ぶ

je rappelle	nous rappelons
tu rappelles	vous rappelez
il/elle rappelle	ils/elles rappellent

---

recommander
[rəkɔmɑ̃de]
ルコマンデ

動 ～を推薦する

Le pâtissier nous a salués quand nous sommes entrés dans la pâtisserie.

私たちがケーキ屋に入ったとき，パティシエが私たちに挨拶しました。

La conversation s'est bien terminée.

会話は無事に終わりました。

Nous attendons toujours la réponse du client.

私たちは客の返事をまだ待っています。

Pourquoi n'as-tu pas tout de suite répondu à mon message ?

なぜ私のメッセージにすぐに返事しなかったの？

J'ai un appel manqué sur mon smartphone.

私のスマートフォンに不在着信が一件あります。

manqué(-e)：形 失敗した

Il faut que je rappelle Pierre tout à l'heure.

あとでピエールに電話をかけ直さなければなりません。

Je vous recommande cet étudiant.

あなたにこの学生を推薦します。

conseiller
[kɔ̃sɛje]
コンセイエ

動 ～を勧める, ～にアドバイスする

le **conseil**
[kɔ̃sɛj]
コンセイユ

男 アドバイス

pl. les conseils

indiquer
[ɛ̃dike]
アンディケ

動 ～を指し示す, 教える

consulter
[kɔ̃sylte]
コンスュルテ

動 ～に相談する, ～を調べる

proposer
[prɔpoze]
プロポゼ

動 ～を提案する, 勧める

la **proposition**
[prɔpozisjɔ̃]
プロポズィスィヨン

女 提案, 申し出

pl. les propositions

refuser
[rəfyze]
ルフュゼ

動 ～を拒否する

Je lui ai conseillé d'aller chez le dentiste.

私は彼女に歯医者に行くよう勧めました。

Ils ont suivi les conseils du médecin.

彼らは医者のアドバイスに従いました。

Pouvez-vous m'indiquer comment aller à la gare ?

駅にどうやって行くか教えてもらえますか。

Il vaut mieux consulter un spécialiste.

専門家に相談したほうがいいよ。

il vaut mieux ＋【動詞の原形】：〜するほうがよい

spécialiste：男女 専門家

Que proposes-tu qu'on fasse ce soir ?

今夜何をしようか。

J'ai reçu une nouvelle proposition d'emploi.

新しい仕事のオファーを受けました。

Elle refuse de manger des légumes depuis une semaine.

彼女は1週間前から野菜を食べることを拒否しています。

se taire*

[sə tɛr]
ス テル

動 黙る

je	me tais	nous	nous taisons	être
tu	te tais	vous	vous taisez	
il/elle	se tait	ils/elles	se taisent	

consoler

[kɔ̃sɔle]
コンソレ

動 ～を慰める

la réaction

[reaksjɔ̃]
レアクスィヨン

女 反応

pl. les réactions

le signe

[siɲ]
スィニュ

男 しるし，合図，記号

pl. les signes

le signal

[siɲal]
スィニャル

男 合図，サイン，信号(機)，標識

pl. les signaux

le réseau

[rezo]
レゾ

男 ネットワーク，網

pl. les réseaux

🎧 **家・住居・生活**

⁰⁶ **l'habitant / l'habitante**

[abitɑ̃ abitɑ̃t]
アビタン アビタントゥ

定冠詞と一緒に
発音すると
[labitɑ̃ labitɑ̃t]
ラビタン ラビタントゥ

男 女 住民，居住者，地元の人

pl. les habitants/habitantes

Les étudiants se taisent quand le professeur entre dans la salle de classe.	先生が教室に入ると，学生たちは黙ります。
Il console sa petite amie qui pleure.	彼は泣いている恋人を慰めています。
Quelle a été sa réaction ?	（それを言われたときの）彼女の反応はどうだった？
Le chat montre des signes de peur.	猫は恐怖の合図を示しています。
Partez à mon signal.	私の合図で出発してください。

à mon signal：私の合図で

Mon père met souvent des photos d'oiseaux sur les réseaux sociaux.	父はソーシャルネットワークによく鳥の写真を掲載します。
Les habitants de cette ville sont chaleureux.	この町の住民は温かいです。

chaleureux/chaleureuse：形 熱意にあふれた

s'installer
[sɛ̃stale]
サンスタレ

動 身を落ち着ける，座る

être

louer
[lwe]
ルウェ

動 ～を賃貸する，賃借する

partager*
[partaʒe]
パルタジェ

動 ～を分ける，共有する

je	partage	nous	partageons
tu	partages	vous	partagez
il/elle	partage	ils/elles	partagent

le **toit**
[twa]
トゥワ

男 屋根

pl. les toits

le **mur**
[myr]
ミュル

男 壁

pl. les murs

le **meuble**
[mœbl]
ムブル

男 家具

pl. les meubles

la **vitre**
[vitr]
ヴィトゥル

女 ガラス，窓ガラス

pl. les vitres

40

Il a fini par s'installer dans son nouvel appartement.

彼は新しいアパルトマンにようやく身を落ち着かせました。

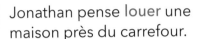

finir par +【動詞の原形】：ついに〜する

Jonathan pense louer une maison près du carrefour.

ジョナタンは交差点近くの家を借りることを考えています。

Mes deux filles partagent la même chambre.

娘二人は同じ寝室をシェアしています。

Il y a un gros oiseau sur le toit de la maison.

家の屋根の上に大きな鳥がいます。

Il m'a aidé à nettoyer les murs du studio hier.

彼は昨日私がワンルームの壁をきれいにするのを手伝ってくれました。

J'ai acheté un canapé neuf pour mon salon au magasin de meubles.

私は居間に合う新しいソファを家具店で買いました。

J'ai nettoyé les vitres de ma voiture hier.

昨日車の窓ガラスを掃除しました。

le **garage**	男 ガレージ
[garaʒ]	自動車整備工場
ガラジュ	
	pl. les garages

le **cabinet**	男 小部屋
[kabinɛ]	*pl.* les cabinets
キャビネ	複数形のとき「トイレ」の意味になる。

le **miroir**	男 鏡
[mirwar]	*pl.* les miroirs
ミルワル	

le **réfrigérateur**	男 冷蔵庫
[refriʒeratœr]	*pl.* les réfrigérateurs
レフリジェラトゥル	会話では le frigo を使うことが多い。

la **serviette**	女 食卓用ナプキン，タオル
[sɛrvjɛt]	*pl.* les serviettes
セルヴィエトゥ	

le **drap**	男 シーツ
[dra]	*pl.* les draps
ドゥラ	

la **couverture**	女 毛布，カバー
[kuvɛrtyr]	*pl.* les couvertures
クヴェルテュル	

Mon vélo est dans le garage.

私の自転車はガレージにあ
ります。

Le cabinet de toilette est à côté
de l'ascenseur.

化粧室はエレベーターの隣
です。

cabinet de toilette：化粧室

Il y a un grand miroir à l'entrée
de chez moi.

自宅の玄関に大きな鏡があ
ります。

Mon réfrigérateur ne fonctionne
plus.

私の冷蔵庫はもう動きません。

fonctionner：動 機能する，動く

Elle a pris une serviette en
sortant du bain.

風呂から出ると，彼女はタ
オルを取りました。

Les draps sont propres.

シーツは清潔です。

Mon lapin dort sous la
couverture.

私のウサギは毛布の下で寝
ています。

s'endormir*

[sɑ̃dɔrmir]
サンドルミル

動 眠りに就く

je	m'endors	nous	nous endormons
tu	t'endors	vous	vous endormez
il/elle	s'endort	ils/elles	s'endorment

être

coucher

[kuʃe]
クシェ

動 ～を寝かせる

「寝る」は se coucher。

brosser

[brɔse]
ブロセ

動 ～にブラシをかける

se brosser

[sə brɔse]
ス ブロセ

動 自分 (の身体, 服) にブラシを
かける

être

le ménage

[menaʒ]
メナジュ

男 家事 (特に掃除)

pl. les ménages

ranger*

[rɑ̃ʒe]
ランジェ

動 ～を片づける, 整理する

je	range	nous	rangeons
tu	ranges	vous	rangez
il/elle	range	ils/elles	rangent

déposer

[depoze]
デポゼ

動 (持っていたものを) 置く, 預ける

Je m'endors toujours après le repas.

私は食後いつも眠ってしまいます。

Il couche ses enfants à 21 heures.

彼は 21 時に子どもを寝かせます。

Ce matin, j'ai vu mon père brosser ses chaussures.

今朝，父が靴にブラシをかけているのを見ました。

Il se brosse les dents.

彼は歯を磨いています。

J'aurai fini le ménage avant qu'elle revienne.

彼女が帰ってくる前には，掃除を終わらせているでしょう。

avant que + 【接続法】：〜する前に

Emma vient de finir de ranger sa chambre.

エマは自分の寝室を片づけたところです。

Je dépose de l'argent dans mon compte en banque chaque mois.

毎月お金を私の銀行口座に預けています。

retirer
[rətire]
ルティレ

動 ～を引出す

---

le **compte**
[kɔ̃t]
コントゥ

男 口座，計算

pl. les comptes

🎧 ⏱日常の行為・行動・動作

07 l'**acte**
[akt]
アクトゥ

定冠詞と一緒に
発音すると
[lakt]
ラクトゥ

男 行為，行動

pl. les actes

---

l'**action**
[aksjɔ̃]
アクスィヨン

定冠詞と一緒に
発音すると
[laksjɔ̃]
ラクスィヨン

女 行動

pl. les actions

---

agir＊
[aʒir]
アジル

動 振る舞う，行動する

j'	agis	nous	agissons
tu	agis	vous	agissez
il/elle	agit	ils/elles	agissent

---

l'**activité**
[aktivite]
アクティヴィテ

定冠詞と一緒に
発音すると
[laktivite]
ラクティヴィテ

女 活動

pl. les activités

---

l'**exercice**
[ɛgzɛrsis]
エグゼルスィス

定冠詞と一緒に
発音すると
[lɛgzɛrsis]
レグゼルスィス

男 運動，練習

pl. les exercices

Je dois aller retirer de l'argent à la banque.	銀行にお金をおろしに行かないと。
Mon compte en banque est vide.	私の銀行口座は空です。
Il se sentait responsable de ses actes.	彼は自分の行動に責任を感じていました。
Le temps est venu de passer à l'action.	行動に移すときが来ました。
Réfléchis bien avant d'agir !	行動する前によく考えなさい。
Ce lycée japonais est connu pour ses activités artistiques.	この日本の高校は芸術活動で有名です。

artistique：形 芸術の

Elle fait de l'exercice tous les jours.	彼女は毎日運動をしています。

le **mouvement**
[muvmɑ̃]
ムヴマン

男 動き

pl. les mouvements

---

bouger*
[buʒe]
ブジェ

動 動く

je	bouge	nous	bougeons
tu	bouges	vous	bougez
il/elle	bouge	ils/elles	bougent

---

se servir*
[sə sɛrvir]
ス セルヴィル

動 [de 〜] 〜を使用する

je	me sers	nous	nous servons	être
tu	te sers	vous	vous servez	
il/elle	se sert	ils/elles	se servent	

---

profiter
[prɔfite]
プロフィテ

動 [de 〜] 〜を活用する, 利用する

---

terminer
[tɛrmine]
テルミネ

動 〜を終わらせる, 完了する
se terminer：終わる être

---

cesser
[sese]
セセ

動 【他】〜をやめる, 中止する
【自】やむ, 止まる

éviter
[evite]
エヴィテ

動 〜を避ける

48

Les mouvements du danseur sont pleins de vie.

ダンサーの動きは生き生きとしています。

plein(-e) de vie : 生き生きとしている

Mon bébé bouge beaucoup la nuit.

私の赤ちゃんは夜にたくさん動きます。

Je me sers souvent de ce dictionnaire quand j'étudie le français.

フランス語を勉強するとき，よくこの辞書を使っています。

Je vais profiter de ce week-end pour nettoyer ma chambre.

今週末を利用して寝室を掃除しよう。

Termine ta soupe, sinon tu n'auras pas de dessert.

スープを終わらせなさい（食べてしまいなさい），でないとデザートはありませんよ。

Il faut cesser de remettre les choses au lendemain.

物事を翌日に持ち越すのはやめるべきです。

Elle évite de prendre sa voiture quand il fait beau.

彼女は晴れている日は車に乗らないようにしています。

cacher
[kaʃe]
キャシェ

動 ～を隠す

couvrir*
[kuvrir]
クヴリル

動 ～を覆う

je	couvre	nous	couvrons
tu	couvres	vous	couvrez
il/elle	couvre	ils/elles	couvrent

remplir*
[rãplir]
ランプリル

動 ～を満たす，～に記入する

je	remplis	nous	remplissons
tu	remplis	vous	remplissez
il/elle	remplit	ils/elles	remplissent

attacher
[ataʃe]
アタシェ

動 ～を留める，結ぶ

fixer
[fikse]
フィクセ

動 ～を固定する

relever*
[rəlve]
ルルヴェ

動 （下がった物）を上げる，（倒れた人・物）を起こす
se relever：起き上がる être

je	relève	nous	relevons
tu	relèves	vous	relevez
il/elle	relève	ils/elles	relèvent

frapper
[frape]
フラペ

動 ～を打つ，ノックする

Nicolas cache des bonbons dans sa poche.

ニコラはポケットの中にキャンディーを隠しています。

Ils ont couvert leurs plantes pour les protéger du soleil.

彼らは太陽の光から守るために植物にカバーをしました。

J'ai rempli ma gourde d'eau.

私は水筒に水を一杯入れました。

gourde：女 水筒

Cette femme attache ses cheveux.

その女性は髪を結んでいます。

Il a fixé le tableau au mur de sa chambre.

彼は自分の寝室の壁にその絵を掛けました。

Comme elle avait chaud, elle a relevé ses manches. manche：女 袖

暑かったので彼女は袖をまくり上げました。

Le garçon s'est relevé tout de suite après être tombé.

男の子は転んだあと，すぐに起き上がりました。

L'homme a frappé à la porte plusieurs fois.

男は何度もドアをノックしました。

sonner
[sɔne]
ソネ

動 【自】鳴る 【他】～を鳴らす

allumer
[alyme]
アリュメ

動 ～に火をつける，点灯する，ス
イッチを入れる

la **prise**
[priz]
プリズ

女 取ること，コンセント（prise
de courant）

pl. les prises

prendre の名詞形

saisir*
[sezir]
セズィル

動 ～をつかむ，握る，捕まえる

je	saisis	nous	saisissons
tu	saisis	vous	saisissez
il/elle	saisit	ils/elles	saisissent

serrer
[sere]
セレ

動 ～を握る，締める

appuyer*
[apɥije]
アピュイエ

動 ～をもたせかける，[sur ～] ～
を押す

j'	appuie	nous	appuyons
tu	appuies	vous	appuyez
il/elle	appuie	ils/elles	appuient

tirer
[tire]
ティレ

動 ～を引く
～を撃つ

Je me suis réveillé quand le téléphone a sonné.	電話が鳴ったとき，私は目を覚ましました。
Mon père a allumé la radio.	父はラジオをつけました。
Léo n'a pas peur des prises de sang.	レオは採血を怖がりません。

prise de sang：採血

La mère a saisi le bras de sa fille juste avant qu'elle ne tombe.	母は娘が転ぶ前に彼女の腕をつかみました。
Il lui a serré rapidement la main.	彼はすばやく彼女の手を握りました。
J'ai appuyé sur un mauvais bouton.	間違ったボタンを押してしまいました。
Il faut tirer pour ouvrir cette fenêtre.	この窓を開くには引かないと。

08 **l'assiette**

[asjɛt]
アスィエトゥ

> 定冠詞と一緒に
> 発音すると
> [lasjɛt]
> ラスィエトゥ

女 皿

(一皿分の) 料理

pl. les assiettes

---

la **tasse**

[tas]
タス

女 カップ

pl. les tasses

---

la **fourchette**

[furʃɛt]
フルシェトゥ

女 フォーク

pl. les fourchettes

> le couteau : **男** ナイフ

---

la **cuiller/cuillère**

[kɥijɛr kɥijɛr]
キュイエル キュイエル

女 スプーン

pl. les cuillers/cuillères

---

le **jambon**

[ʒɑ̃bɔ̃]
ジャンボン

男 ハム

pl. les jambons

---

l'**oignon**

[ɔɲɔ̃]
オニョン

> 定冠詞と一緒に
> 発音すると
> [lɔɲɔ̃]
> ロニョン

男 タマネギ

pl. les oignons

> ognonとも書く。

---

le **haricot**

[ariko]
アリコ

> h は有声なので,
> エリズィオンせず
> [lə ariko]
> ル アリコ

男 インゲン豆

pl. les haricots

> ←日常会話ではリエゾン
> することがある。

L'assiette est pleine de fruits.

その皿はフルーツでいっぱいです。

Ma mère boit toujours une tasse de café le matin.

母は毎朝 1 杯のコーヒーを飲んでいます。

Elle mange sa salade avec une fourchette.

彼女はフォークでサラダを食べています。

On mange sa soupe avec une cuillère.

スープはスプーンで飲みます。

J'adore les sandwichs au jambon avec beaucoup de beurre.

私はたくさんのバターをぬったハムのサンドイッチが大好きです。

Il aime beaucoup la soupe à l'oignon.

彼はオニオンスープがすごく好きです。

Ces haricots au beurre sont délicieux.

このインゲン豆のバター和えはとてもおいしいです。

la	**fraise**	女 イチゴ
	[frɛz]	
	フレズ	*pl.* les fraises

la	**pêche**	女 モモ
	[pɛʃ]	
	ペシュ	*pl.* les pêches

同形異義語で
「pêche 釣り」がある。
（発音も同じ）

la	**poire**	女 (西洋) ナシ
	[pwar]	
	プワル	*pl.* les poires

le	**raisin**	男 ブドウ
	[rɛzɛ̃]	
	レザン	*pl.* les raisins

la	**cerise**	女 サクランボ
	[səriz]	
	スリズ	*pl.* les cerises

le	**jus**	男 ジュース
	[ʒy]	
	ジュ	*pl.* les jus

le	**yaourt**	男 ヨーグルト
	[jaurt]	
	ヤウルトゥ	*pl.* les yaourts

Tous les printemps, il y a beaucoup de fraises dans mon jardin.

毎年春になると，私の庭にはたくさんのイチゴがなります。

Je voudrais un kilo de pêches, s'il vous plaît.

モモを 1 キロください。

Est-ce que tu aimes la tarte aux poires ?

洋ナシのタルトは好きですか。

Le raisin, c'est important pour faire du bon vin.

おいしいワインを作るのに，ブドウは大切です。

J'ai mal au ventre parce que j'ai mangé trop de cerises.

サクランボを食べすぎておなかが痛いです。

Tu bois du jus de fruits au petit-déjeuner ?

朝食にフルーツジュースを飲む？

Je mange du yaourt tous les matins.

毎朝ヨーグルトを食べています。

la **crème**	女 クリーム
[krɛm]	
クレム	*pl.* les crèmes

l' **huile**	女 油, オイル
[ɥil]	
ユイル	*pl.* les huiles

定冠詞と一緒に
発音すると
[lɥil]
リュイル

le **blé**	男 小麦
[ble]	
ブレ	*pl.* les blés

le **menu**	男 コース料理
[məny]	
ムニュ	*pl.* les menus

le **goût**	男 味, 趣味, センス
[gu]	
グ	*pl.* les goûts

goutとも書く。

cuire＊	動 (食べ物に) 火が通る
[kɥir]	
キュイル	

je	cuis	nous	cuisons
tu	cuis	vous	cuisez
il/elle	cuit	ils/elles	cuisent

cuit / cuite	形 煮えた, 焼けた
[kɥi kɥit]	
キュイ キュイトゥ	

Ma femme met de la crème dans son café.

私の妻はコーヒーにクリームを入れます。

J'ai mis de l'huile dans ma salade.

私はサラダにオイルをかけました。

Quelle quantité de farine de blé faut-il pour faire ce gâteau ?

このケーキを作るのに，どのくらいの小麦粉が必要ですか。

quantité：図 量 farine de blé：図 小麦粉

Qu'est-ce qu'il y a au menu de ce soir ?

今夜のコース料理には何がありますか。

Cette pomme a très bon goût.

このリンゴはとてもおいしいです。

Combien de temps faut-il pour faire cuire la tarte ?

そのタルトを焼くのにどのくらいの時間がかかりますか。

faire cuire：～に火を通す

La viande est bien cuite.

肉にはよく火が通っています。

09

le **commerce** [kɔmɛrs] コメルス	男 商売，取り引き 商店 *pl.* les commerces
l'**épicerie** [episri] エピスリ　定冠詞と一緒に 発音すると [lepisri] レピスリ	女 食料品店 *pl.* les épiceries
la **librairie** [librɛri] リブレリ	女 書店 *pl.* les librairies
le **rayon** [rejɔ̃] レイヨン	男 売り場 *pl.* les rayons
le **guichet** [giʃɛ] ギシェ	男 窓口 *pl.* les guichets
le **marchand**/ la **marchande** [marʃɑ̃ marʃɑ̃d] マルシャン　マルシャンドゥ	男 女 商人 *pl.* les marchands/marchandes
le **vendeur**/ la **vendeuse** [vɑ̃dœr vɑ̃døz] ヴァンドゥル　ヴァンドゥズ	男 女 店員，販売員 *pl.* les vendeurs/vendeuses

Elle a ouvert un commerce en avril.

彼女は4月に商店を開きました。

L'épicerie ouvre tous les jours à 10 heures.

その食料品店は毎日10時に開店します。

J'ai acheté ce livre dans une librairie près de chez moi.

この本を自宅近くの本屋で買いました。

Les oranges se trouvent au rayon des fruits.

オレンジは果物売り場にあります。

se trouver：動 ある，いる

Le guichet du cinéma est fermé.

映画館の窓口は閉まっています。

Le marchand de légumes à côté de la gare vend des pommes de terre pas cher.

駅の隣の八百屋はジャガイモを安く売っています。

Le vendeur nous a aidés à choisir des vêtements.

店員は私たちの服選びを手伝ってくれました。

---

l'**achat**
[aʃa]
アシャ

定冠詞と一緒に発音すると
[laʃa]
ラシャ

男 購入，買い物

pl. les achats

---

importer
[ɛ̃pɔrte]
アンポルテ

動 ～を輸入する

⇔ exporter：**動** ～を輸出する

---

la **monnaie**
[mɔnɛ]
モネ

女 小銭，釣銭，通貨

pl. les monnaies

---

fournir*
[furnir]
フルニル

動 ～を提供する，支給する

je	fournis	nous	fournissons
tu	fournis	vous	fournissez
il/elle	fournit	ils/elles	fournissent

🎧 **施設・建造物**

10 ## le **bâtiment**
[batimɑ̃]
バティマン

男 建物

pl. les bâtiments

---

l'**immeuble**
[imœbl]
イムブル

定冠詞と一緒に発音すると
[limœbl]
リムブル

男 ビル

pl. les immeubles

---

la **mairie**
[meri]
メリ

女 市役所，区役所，町[村]役場

pl. les mairies

Mon petit copain est allé faire des achats au supermarché.

私の彼氏はスーパーに買い物に行きました。

Ce magasin importe le fromage directement de France.

この店はチーズをフランスから直接輸入しています。

Pourriez-vous me faire la monnaie sur 5 euros ?

5ユーロ札を小銭に両替してもらえますか。

faire la monnaie sur ~ :（お札など）を小銭に両替する

Cet hôtel fournit un excellent service.

このホテルは最高のおもてなしを提供しています。

Est-ce qu'il y a un ascenseur dans ce bâtiment ?

この建物内にエレベーターはありますか。

L'immeuble où habite ma famille fait dix étages.

私の家族が住んでいる建物は10階建てです。

La mairie se trouve à côté de la boucherie, en face de l'église.

市役所は肉屋のとなりで，教会の向かいにあります。

la **clinique** [klinik] クリニク	**女** 診療所 **pl.** les cliniques
le **monument** [mɔnymɑ̃] モニュマン	**男** 大建造物，記念建造物 **pl.** les monuments
construire* [kɔ̃strɥir] コンストゥリュイル	**動** ～を建設する

je	construis	nous	construisons
tu	construis	vous	construisez
il/elle	construit	ils/elles	construisent

la **construction** [kɔ̃stryksjɔ̃] コンストゥリュクスィヨン	**女** 建築，建造物 **pl.** les constructions

 場所・空間・方向

11 l'**environnement** [ɑ̃virɔnmɑ̃] アンヴィロヌマン	定冠詞と一緒に発音すると [lɑ̃virɔnmɑ̃] ランヴィロヌマン	**男** 環境 **pl.** les environnements

l'**endroit** [ɑ̃drwa] アンドゥルワ	定冠詞と一緒に発音すると [lɑ̃drwa] ランドゥルワ	**男** 場所 **pl.** les endroits

le **lieu** [ljø] リュ	**男** 場所，現場 **pl.** les lieux

avoir lieu：行われる
au lieu de ～：～の代わりに

Je suis allée chercher les résultats de mes analyses de sang à la clinique.

私は血液検査の結果を取りに診療所に行きました。

analyse de sang : 図 血液検査

Il y a un monument historique devant la bibliothèque de mon quartier.

私が住んでいる地域の図書館の前に歴史的建造物があります。

Ils vont construire une nouvelle gare.

彼らは新しい駅を建設するつもりです。

La construction du pont a commencé.

橋の建設が始まりました。

Cette loi protège l'environnement.

この法律は環境を保護します。

C'est un bel endroit ici.

ここはきれいな場所ですね。

Les policiers ont pris des photos du lieu du crime.

警察官は犯行現場の写真を撮りました。

policier/policière : 男女 警察官

la **zone** [zon] ゾヌ	女 地区，区域，地帯
	pl. les zones

les **environs** [ãvirɔ̃] アンヴィロン 定冠詞と一緒に発音すると [lezãvirɔ̃] レザンヴィロン	複男 [複数形で] 付近，近郊

la **cité** [site] スィテ	女 都市，団地
	pl. les cités

le **centre-ville** [sãtrəvil] サントゥルヴィル	男 都心部
	pl. les centres-villes

la **région** [reʒjɔ̃] レジョン	女 地方
	pl. les régions

la **province** [prɔvɛ̃s] プロヴァンス	女 (首都に対して) 地方，田舎
	pl. les provinces

local / locale [lɔkal lɔkal] ロカル ロカル	形 地方の，局地的な

pl. では locaux/locales

Cette zone est en construction.　この区域は建設中です。

C'est le meilleur restaurant des environs.　それはこの辺りで一番おいしいレストランです。

Bordeaux est la cité du vin.　ボルドーはワインの都市です。

Nous allons au centre-ville demain.　明日私たちは中心街に行きます。

Cette région est connue pour sa gastronomie.　この地方は郷土料理で有名です。

gastronomie：女 美食，郷土料理

Il neige beaucoup dans la province de Québec.　ケベック州では雪がたくさん降ります。

J'adore lire le journal local quand je suis en vacances.　バカンスのとき地方紙を読むのが大好きです。

la **frontière** [frɔ̃tjɛr] フロンティエル	**女** 国境，境界 **pl.** les frontières
le **point** [pwɛ̃] プワン	**男** 点，ポイント **pl.** les points
l'**espace** [ɛspas] エスパス 定冠詞と一緒に 発音すると [lɛspas] レスパス	**男** 空間，宇宙 **pl.** les espaces
l'**intérieur** [ɛ̃terjœr] アンテリユル 定冠詞と一緒に 発音すると [lɛ̃terjœr] ランテリユル	**男** 屋内，内部，インテリア **pl.** les intérieurs
intérieur/intérieure [ɛ̃terjœr ɛ̃terjœr] アンテリユル アンテリユル	**形** 内側の，室内の，国内の
dedans [dədɑ̃] ドゥダン	**副** 中で，中に ⇔ dehors：**副** 外で，外に
extérieur/extérieure [ɛksterjœr ɛksterjœr] エクステリユル エクステリユル	**形** 外の，外部の

68

On arrive bientôt à la **frontière** entre la France et l'Allemagne.

もうすぐフランスとドイツの国境に到着します。

Nous sommes revenus au **point de départ**.

私たちは出発地点まで戻ってきました。

Les astronautes vont dans l'**espace**.

宇宙飛行士が宇宙へ行きます。

astronaute：**男女** 宇宙飛行士

Ils sont à l'**intérieur** de l'immeuble.

彼らは建物の中にいます。

Tu as un bel **intérieur** !

きれいなインテリアだね！

Il s'agit d'un problème **intérieur**.

それは内部の問題です。

Il n'y a personne **dedans**.

中には誰もいません。

La cour **extérieure** est très calme.

外庭はとても静かです。

| le **bout**
[bu]
ブ | 男 先端，果て |
| | *pl.* les bouts |

| le **coin**
[kwɛ̃]
クワン | 男 片隅，角 |
| | *pl.* les coins |

| **ailleurs**
[ajœr]
アイユル | 副 別の場所で |

| la **direction**
[dirɛksjɔ̃]
ディレクスィヨン | 女 方向，方角 |
| | *pl.* les directions |

| **contre**
[kɔ̃tr]
コントゥル | 前 ～に対して，～に返して |

le **haut** [o] オ	男 高所，上の方
hは有声なので，エリズィオンせず [lə o] ル オ	*pl.* les hauts [le o] レ オ
	haut(-e)：形 （高さ・値段などが）高い

| le **sommet**
[sɔmɛ]
ソメ | 男 山頂，頂上 |
| | *pl.* les sommets |

Le **bout** de la rue est bloqué.

この通りの先は通行止めです。

bloquer：⑩ 通行を遮断する

Ma grand-mère est allée aux quatre **coins** du monde.

私の祖母は世界のいたる所に行きました。

aux quatre coins de ～：～のいたる所に

Le problème est **ailleurs**.

問題は他にあります。

Tu vas dans la bonne **direction**.

君は正しい方向に行っているよ。

J'ai appuyé ma guitare **contre** la chaise.

私はギターをいすに立てかけました。

Ils sont **contre** ta décision.

彼らは君の決定に反対しています。

Il y a de la neige sur le **haut** de la montagne.

山の上の方に雪があります。

Nous avons marché jusqu'au **sommet** de la montagne.

私たちは山頂まで歩きました。

au-dessus
[odəsy]
オドゥスュ

副 (場所が) 上に
(数，程度などが) 上位に

au-dessous
[odəsu]
オドゥス

副 (場所が) 下に
(数，程度などが) 下位に

12 le **voyageur**/
la **voyageuse**
[vwajaʒœr vwajaʒøz]
ヴワヤジュル ヴワヤジュズ

男 女 旅行者，乗客

pl. les voyageurs/voyageuses

le **guide**/
la **guide**
[gid gid]
ギドゥ ギドゥ

男 女 ガイド
男 ガイドブック

pl. les guides

le **tour**
[tur]
トゥル

男 一周，回転，順番

pl. les tours

la tour : 女 タワー

la **visite**
[vizit]
ヴィズィトゥ

女 訪問，見物

pl. les visites

visiter : 動 ～を訪れる

le **séjour**
[seʒur]
セジュル

男 滞在，滞在期間

pl. les séjours

Il habite **au-dessus** d'un restaurant.	彼はレストランの上の階に住んでいます。
Cette ville se trouve **au-dessous** du niveau de la mer.	この町は海抜より低い位置にあります。
Les **voyageurs** sont montés dans l'avion.	乗客は飛行機に乗り込みました。
Le **guide** nous a fait faire le tour du village.	ガイドは村を一通り案内してくれました。
Ils ont fait le **tour** de la ville.	彼らは町を見て回りました。
Aujourd'hui, elle rend **visite** à ses grands-parents.	彼女は今日，祖父母に会いに行きます。

rendre visite à 人 : ～を訪れる

Mes parents ont fait un **séjour** en France l'été dernier.	両親は去年の夏にフランスに滞在しました。

| le **congé** | 男 休み |
| [kɔ̃ʒe] コンジェ | *pl.* les congés |

| le **vol** | 男 飛行便，フライト |
| [vɔl] ヴォル | *pl.* les vols |

| la **réservation** | 女 予約 |
| [rezɛrvasjɔ̃] レゼルヴァスィヨン | *pl.* les réservations |

| le **retour** | 男 帰り |
| [rətur] ルトゥル | *pl.* les retours |

| le **souvenir** | 男 思い出，土産 |
| [suvənir] スヴニル | *pl.* les souvenirs |

🎧 人または物の移動・変化

| 13 l'**accès** | 男 入ること，接近，到達 |
| [aksɛ] アクセ 定冠詞と一緒に発音すると [laksɛ] ラクセ | *pl.* les accès |

| le **pas** | 男 歩み，歩幅 |
| [pa] パ | *pl.* les pas |

Mon collègue est en congé depuis la semaine dernière.

私の同僚は先週から休暇中です。

Ce vol dure combien de temps ?

このフライト時間はどのくらいですか。

J'ai fait une réservation au restaurant pour 7 heures et demie ce soir.

今夜 7 時半にレストランを予約しました。

Les étudiants sont toujours pleins de vie au retour des vacances.

学生たちはいつもバカンスから帰ってくると生き生きとしています。

J'ai beaucoup de beaux souvenirs de ce voyage.

この旅行のたくさんのよい思い出があります。

La mairie a interdit l'accès à cet immeuble.
L'accès à l'eau est important pour l'agriculture.

市役所はこの建物への出入りを禁止しました。
水の確保は農業に重要です。

J'habite à quelques pas de chez mes grands-parents.

私は祖父母の家から徒歩で行ける距離の所に住んでいます。

la **distance** [distɑ̃s] ディスタンス	女 距離 *pl.* les distances
le **trottoir** [trɔtwar] トゥロトゥワル	男 歩道 *pl.* les trottoirs
l' **avenue** [avny] アヴニュ 定冠詞と一緒に発音すると [lavny] ラヴニュ	女 大通り，並木道 *pl.* les avenues
la **voie** [vwa] ヴワ	女 道路，車線 *pl.* les voies
la **route** [rut] ルトゥ	女 （町や村をつなぐ）道路，コース *pl.* les routes
l' **autoroute** [otorut] オトルトゥ 定冠詞と一緒に発音すると [lotorut] ロトルトゥ	女 高速道路 *pl.* les autoroutes
le **tunnel** [tynɛl] テュネル	男 トンネル *pl.* les tunnels

La distance entre les deux villes est courte.	その2つの町の距離は短いです。
Beaucoup d'enfants marchent sur le trottoir.	たくさんの子どもたちが歩道を歩いています。
Il y a un hôpital sur l'avenue Saint-Jean.	サン・ジャン大通りに病院があります。
La voiture devant moi a soudainement changé de voie.	私の前を走る車は突然車線を変えました。

soudainement：副 突然

La route qui mène au lac est très belle.	湖に続く道はとても美しいです。
Il y a beaucoup de camions sur l'autoroute aujourd'hui.	今日は高速道路にたくさんのトラックが走っています。
Où mène ce tunnel ?	このトンネルはどこに続いているのですか。

le **quai**	男 プラットフォーム，桟橋
[kɛ] ケ	*pl.* les quais

le **port**	男 港
[pɔr] ポル	*pl.* les ports

l'**auto**	女 自動車
[oto] オト　定冠詞と一緒に発音すると [loto] ロト	*pl.* les autos automobile の略。voiture の方が使われる。

l'**autocar**	男 長距離バス，観光バス
[otokar] オトキャル　定冠詞と一緒に発音すると [lotokar] ロトキャル	*pl.* les autocars le bus : 男 バス

le **transport**	男 運送，輸送
[trɑ̃spɔr] トゥランスポル	*pl.* les transports

se rendre*	動 [à 〜] 〜へ行く
[sə rɑ̃dr] ス ランドゥル	

je	me rends	nous	nous rendons	être
tu	te rends	vous	vous rendez	
il/elle	se rend	ils/elles	se rendent	

se diriger*	動 [vers 〜] 〜に向かっていく
[sə diriʒe] ス ディリジェ	

je	me dirige	nous	nous dirigeons	être
tu	te diriges	vous	vous dirigez	
il/elle	se dirige	ils/elles	se dirigent	

Le bateau vient juste d'arriver au quai.

船はちょうど桟橋に着きました。

Beaucoup de gens se promènent près du port le dimanche.

多くの人が毎週日曜日に港の近くを散歩します。

Tu vas à l'auto-école aujourd'hui ?

今日，自動車教習所へ行くの？

auto-école：**女** 自動車教習所

Mes grands-parents vont venir à Tokyo en autocar.

祖父母は長距離バスで東京に来ます。

J'utilise souvent les transports en commun.

私はよく公共交通機関を使用します。

transports en commun：**男複** 公共交通機関

Ils se rendent au travail ensemble chaque matin.

彼らは毎朝一緒に仕事場に行きます。

La dame se dirige vers le parc.

その女性は公園のほうへ向かっています。

avancer*

[avɑ̃se]
アヴァンセ

動 進む

j'	avance	nous	avançons
tu	avances	vous	avancez
il/elle	avance	ils/elles	avancent

s'approcher

[saprɔʃe]
サプロシェ

動 [de ~] ~に近づく

être

rouler

[rule]
ルレ

動 (車が・車で) 走る

voler

[vɔle]
ヴォレ

動 飛ぶ

livrer

[livre]
リヴレ

動 ~を配達する，届ける

emmener*

[ɑ̃məne]
アンムネ

動 ~を連れて行く

j'	emmène	nous	emmenons
tu	emmènes	vous	emmenez
il/elle	emmène	ils/elles	emmènent

mener*

[məne]
ムネ

動 ~を連れて行く，(生活) を送る

je	mène	nous	menons
tu	mènes	vous	menez
il/elle	mène	ils/elles	mènent

Ce cheval avance lentement vers elle. | その馬はゆっくりと彼女の方に進んでいます。

Elle s'approche lentement de ce petit chat pour ne pas lui faire peur. | 彼女はその小さな猫を怖がらせないようにゆっくりと近づいています。

Ce camion roule trop vite. | そのトラックはスピードを出しすぎています。

Cet oiseau peut voler très haut. | この鳥はとても高く飛べます。

Le paquet a été livré hier. | 小包は昨日届けられました。

Vous livrez à l'étranger ? | 海外に発送しますか。

Il m'a emmené au musée. | 彼は私を博物館に連れて行きました。

Le professeur a mené les élèves vers la sortie du cinéma à la fin du film. | 先生は映画の終わりに生徒たちを映画館の出口へ誘導しました。

attirer

[atire]
アティレ

動 ～を引きつける，魅了する

suivre*

[sɥivr]
スュイヴル

動 ～の後について行く（来る）

je	suis	nous	suivons
tu	suis	vous	suivez
il/elle	suit	ils/elles	suivent

s'arrêter

[sarete]
サレテ

動 止まる，休む

être

reprendre*

[rəprɑ̃dr]
ルプランドゥル

動 ～を再び取る，再開する

je	reprends	nous	reprenons
tu	reprends	vous	reprenez
il/elle	reprend	ils/elles	reprennent

repartir*

[rəpartir]
ルパルティル

動 再び出発する，戻る

je	repars	nous	repartons
tu	repars	vous	repartez
il/elle	repart	ils/elles	repartent

être

rapporter

[rapɔrte]
ラポルテ

動 ～を（元の場所に）戻す，（利益を）もたらす，～を報告する

remettre*

[rəmɛtr]
ルメトゥル

動 ～を戻す

je	remets	nous	remettons
tu	remets	vous	remettez
il/elle	remet	ils/elles	remettent

Il attire les oiseaux avec du riz.

彼は米粒で鳥をおびき寄せています。

Tu veux aller à la salle de classe 312 ? OK, suis-moi !

312 教室に行きたいの？わかった，私について来て！

Quand je me promène en forêt, je m'arrête souvent pour admirer le paysage.

森を散歩しているとき，景色を眺めるためによく立ち止まります。

La ligne de train entre les deux pays a repris.

2 か国間の路線は運航を再開しました。

Il a fait une sieste avant de repartir au travail.

彼は仕事場に戻る前に昼寝をしました。

sieste：**女** 昼寝

Quand je lance la balle à mon chien, il la rapporte toujours.

犬にボールを投げると，いつも私に持ってきてくれます。

J'ai remis ton stylo sur ta table.

君のペンを机の上に戻しておいたよ。

Il ne faut jamais remettre au lendemain.

（今日できることを）明日に延ばしてはいけません。

jeter*
[ʒəte]
ジュテ

動 ～を投げる，捨てる

je	jette	nous	jetons
tu	jettes	vous	jetez
il/elle	jette	ils/elles	jettent

lancer*
[lɑ̃se]
ランセ

動 ～を投げる，捨てる

je	lance	nous	lançons
tu	lances	vous	lancez
il/elle	lance	ils/elles	lancent

abandonner
[abɑ̃dɔne]
アバンドネ

動 ～を捨てる，放棄する，諦める

séparer
[separe]
セパレ

動 ～を分ける，引き離す

remplacer*
[rɑ̃plase]
ランプラセ

動 ～を取り替える

je	remplace	nous	remplaçons
tu	remplaces	vous	remplacez
il/elle	remplace	ils/elles	remplacent

transformer
[trɑ̃sfɔrme]
トゥランスフォルメ

動 ～を変える

se transformer
[sə trɑ̃sfɔrme]
ス トゥランスフォルメ

動 変わる

être

Elle a jeté une pièce dans la
fontaine.

彼女は小銭を噴水に投げ入れました。

pièce：**女** 硬貨 fontaine：**女** 噴水

Le garçon lance une balle contre
le mur.

この少年は壁にボールを投げています。

Je ne voudrais pas abandonner
la maison de mes parents.

両親の家を放棄したくありません。

Dans cette recette, il faut séparer
le jaune et le blanc d'œuf.

このレシピでは，卵を卵黄と白身に分ける必要があります。

recette：**女** レシピ

La fenêtre brisée a été
remplacée.

割れた窓は取り替えられました。

brisé(-e)：**形** 砕けた

Elle a transformé son bureau en
chambre d'amis.

彼女は仕事部屋を来客用の寝室に変えました。

chambre d'amis：**女** 来客用の寝室

L'héroïne de ce film peut se
transformer en chat.

この映画のヒロインは猫に変身できます。

le **changement**
[ʃɑ̃ʒmɑ̃]
シャンジュマン

男 変更, 変化

pl. les changements

la **panne**
[pan]
パヌ

女 故障

pl. les pannes

détruire*
[detrɥir]
デトゥリュイル

動 ～を破壊する, 損なう

je	détruis	nous	détruisons
tu	détruis	vous	détruisez
il/elle	détruit	ils/elles	détruisent

réparer
[repare]
レパレ

動 ～を修理する

améliorer
[ameljɔre]
アメリヨレ

動 ～を改善する, 改良する, 進歩させる

régler*
[regle]
レグレ

動 ～を調整する

je	règle	nous	réglons
tu	règles	vous	réglez
il/elle	règle	ils/elles	règlent

arranger*
[arɑ̃ʒe]
アランジェ

動 ～を整える, 修理する

j'	arrange	nous	arrangeons
tu	arranges	vous	arrangez
il/elle	arrange	ils/elles	arrangent

Il y a eu beaucoup de changements depuis le printemps dernier.

去年の春以降，たくさんの変更がありました。

Ma voiture est en panne.

私の車は故障中です。

en panne：故障した

Le typhon a complètement détruit l'hôtel.

台風がホテルを完全に破壊しました。

typhon：図 台風

Il a réparé mon ordinateur.

彼は私のパソコンを修理しました。

Cette loi a amélioré la situation des professeurs.

この法律は教師の状況を改善しました。

Ma montre a besoin d'être réglée.

私の時計は調整する必要があります。

Mon grand-père arrange sa cravate.

祖父はネクタイを直しています。

¹⁴ l'**équipe**
[ekip]
エキプ

定冠詞と一緒に
発音すると
[lekip]
レキプ

女 グループ，（スポーツの）チーム

pl. les équipes

---

le **membre**
[mãbr]
マンブル

男 メンバー

pl. les membres

---

le **comité**
[kɔmite]
コミテ

男 委員会

pl. les comités

---

la **compagnie**
[kɔ̃paɲi]
コンパニ

女 会社　特に保険・航空・金融の分野
劇団

pl. les compagnies

---

la **réunion**
[reynjɔ̃]
レユニヨン

女 会合，会議

pl. les réunions

---

la **rencontre**
[rãkɔ̃tr]
ランコントゥル

女 会談，出会い

pl. les rencontres

---

l'**événement**
[evenmã]
エヴェヌマン

定冠詞と一緒に
発音すると
[levenmã]
レヴェヌマン

男 出来事，事件，行事

pl. les événements

évènementも可。

88

Il faut deux équipes pour jouer au football.

サッカーは2チームでプレーします。

Mon grand-père est membre d'un club de lecture.

私の祖父は読書会のメンバーです。

Le comité a annoncé sa décision par e-mail.

委員会は決定事項をメールで知らせました。

Je travaille dans une compagnie d'assurances.

保険会社に勤めています。

assurance：名 保険

Cette compagnie de danse est très populaire à l'étranger.

そのダンスカンパニーは海外でとても人気です。

Est-ce que les documents sont prêts pour la réunion ?

会議の資料は準備できていますか。

Il y a une rencontre parents-professeurs au lycée demain.

明日，高校で先生と保護者の面談があります。

La révolution est un grand événement.

革命は大きな出来事です。

L'événement culturel aura lieu après-demain.

文化行事はあさって行われます。

culturel(-le)：形 文化的な

participer
[partisipe]
パルティスィペ

⬛ [à ~] ~に参加する

s'inscrire*
[sɛ̃skrir]
サンスクリル

⬛ 登録する，参加を申し込む

je	m'inscris	nous	nous inscrivons
tu	t'inscris	vous	vous inscrivez
il/elle	s'inscrit	ils/elles	s'inscrivent

être

le concours
[kɔ̃kur]
コンクル

⬛ コンクール，選抜試験

pl. les concours

l'élection
[elɛksjɔ̃]
エレクスィヨン

定冠詞と一緒に
発音すると
[lelɛksjɔ̃]
レレクスィヨン

⬛ 選挙

pl. les élections

l'exposition
[ɛkspozisjɔ̃]
エクスポズィスィヨン

定冠詞と一緒に
発音すると
[lɛkspozisjɔ̃]
レクスポズィスィヨン

⬛ 展覧会，博覧会

pl. les expositions

le spectacle
[spɛktakl]
スペクタクル

⬛ (演劇，オペラ，ダンスなどの)
公演

pl. les spectacles

la scène
[sɛn]
セヌ

⬛ 舞台，場面，光景

pl. les scènes

J'ai décidé de participer aux matchs de tennis de mon université.

私は大学のテニスの試合に参加することに決めました。

Elle s'est inscrite à un cours de français.

彼女はフランス語のクラスに登録しました。

Ma cousine a gagné le concours de danse.

私のいとこはダンスのコンクールで優勝しました。

La date de l'élection approche.

選挙の日は足早に迫っています。

Il y a une nouvelle exposition au musée du jouet.

おもちゃの博物館で新しい展覧会があります。

Tu as aimé le spectacle ?

公演は気に入った？

La chanteuse vient d'arriver sur scène.

歌手がちょうど舞台に上がりました。

le **matériel**	**男** 設備，機材，用具
[materjɛl] マテリエル	**pl.** les matériels

le **mariage**	**男** 結婚，結婚式
[marjaʒ] マリヤジュ	**pl.** les mariages

l'**invitation**	**女** 招待
[ɛ̃vitasjɔ̃] アンヴィタスィヨン	定冠詞と一緒に 発音すると [lɛ̃vitasjɔ̃] ランヴィタスィヨン	**pl.** les invitations

invité / **invitée**	**形** 招待された
[ɛ̃vite ɛ̃vite] アンヴィテ アンヴィテ	

l'**invité** / l'**invitée**	**男 女** 招待客
[ɛ̃vite ɛ̃vite] アンヴィテ アンヴィテ	定冠詞と一緒に 発音すると [lɛ̃vite] ランヴィテ	**pl.** les invités/invitées

🎧 **健康・病気・けが**

15 **se porter**

[sə pɔrte]
ス ポルテ

動 体調が～である

être

la **fatigue**	**女** 疲れ
[fatig] ファティグ	**pl.** les fatigues

J'ai fini de préparer le matériel nécessaire pour le concert de demain.

明日のコンサートに必要な設備の準備が終わりました。

Dimanche prochain, je vais au mariage de mon frère.

今度の日曜日に私は兄（弟）の結婚式に行きます。

J'ai reçu une invitation pour le mariage de Robert.

ロベールの結婚式の招待を受けました。

Je suis invité par les Martin.

私はマルタン家に招待されています。

Les invités commencent à arriver à la fête.

招待客はパーティーに来始めました。

Comment se porte ta famille dernièrement ?

最近，君の家族は元気ですか。

dernièrement：劚 最近

Après avoir travaillé 8 heures, je tombais de fatigue.

8 時間働いたあと，私は疲れて倒れそうでした。

tomber de fatigue：疲れて倒れそうだ

tomber
[tɔ̃be]
トンベ

動 倒れる，転ぶ，落ちる

être

---

se casser
[sə kase]
ス キャセ

動 骨折する

être

---

blessé / blessée
[blese blese]
ブレセ ブレセ

形 けがをした
男 女 けが人

pl. les blessés/blessées

---

souffrir*
[sufrir]
スフリル

動 [de 〜] 〜で苦しむ

je	souffre	nous	souffrons
tu	souffres	vous	souffrez
il/elle	souffre	ils/elles	souffrent

---

la **grippe**
[grip]
グリプ

女 インフルエンザ

pl. les grippes

---

le **malade /**
la **malade**
[malad malad]
マラドゥ マラドゥ

男 女 病人，患者

pl. les malades

malade : 形 病気の

---

le **médicament**
[medikamɑ̃]
メディキャマン

男 薬，薬剤

pl. les médicaments

Ma mère est tombée en faisant du vélo.

母はサイクリングをしている最中に転倒しました。

Tu te casseras une jambe si tu continues comme ça.

そのやり方で続けていると，君は足を骨折してしまうよ。

L'accident a fait plusieurs blessés.

その事故はたくさんのけが人を出しました。

Elle souffre du covid depuis quatre jours. covid：男 コロナウィルス

彼女は4日前からコロナウィルスに苦しんでいます。

Sa blessure le fait souffrir.

blessure：女 けが，傷

彼はけがで苦しんでいます。

J'ai attrapé la grippe à l'école.

私は学校でインフルエンザにかかりました。

attraper：動 ～をつかまえる，（病気など）にかかる

Ce malade refuse de prendre des médicaments.

この病人は薬を飲むことを拒否しています。

J'ai pris des médicaments contre le mal de ventre avant d'aller au bureau.

オフィスに行く前に，腹痛に効く薬を飲みました。

soigner
[swaɲe]
スワニェ

動 〜を治療する，〜の世話をする

l'opération
[ɔperasjɔ̃]
オペラスィヨン

定冠詞と一緒に
発音すると
[lɔperasjɔ̃]
ロペラスィヨン

女 手術，操作，作業

pl. les opérations

le repos
[rəpo]
ルポ

男 休息

pl. les repos

guérir*
[gerir]
ゲリル

動 【自】回復する，治る 【他】〜を治す

je	guéris	nous	guérissons
tu	guéris	vous	guérissez
il/elle	guérit	ils/elles	guérissent

🎧 **体・外見・表情**

16 **la figure**
[figyr]
フィギュル

女 顔
図

pl. les figures

le cou
[ku]
ク

男 首

pl. les cous

l'épaule
[epol]
エポル

定冠詞と一緒に
発音すると
[lepol]
レポル

女 肩

pl. les épaules

Le médecin est en train de soigner ma tante.

医者はおばの治療をしているところです。

être en train de +【動詞の原形】：〜している最中である

Il est passé sur la table d'opération la semaine dernière.

彼は先週，手術を受けました。

passer sur la table d'opération：手術を受ける

Elle est malade, alors elle a besoin de beaucoup de repos.

彼女は病気なので，たくさんの休息が必要です。

Nous espérons qu'elle guérira très vite.

彼女が早く治ることを私たちは願っています。

Sa figure est pâle car il est malade.

病気で彼の顔は青白いです。

pâle：形 青白い，血の気のない

J'ai mal au cou depuis trois jours.

3日前から首が痛いです。

Thomas s'est fait mal à l'épaule en faisant de la natation.

トマは水泳をしているときに肩を痛めました。

97

la **poitrine** [pwatrin] プワトゥリヌ	**女** 胸 **pl.** les poitrines
la **queue** [kø] ク	**女** (動物の) 尾 **pl.** les queues
le **coude** [kud] クドゥ	**男** 肘 **pl.** les coudes
le **genou** [ʒənu] ジェヌ	**男** 膝 **pl.** les genoux
l'**estomac** [ɛstɔma] エストマ　定冠詞と一緒に発音すると [lɛstɔma] レストマ	**男** 胃 **pl.** les estomacs
la **lèvre** [lɛvr] レヴル	**女** 唇 **pl.** les lèvres 複数形で用いることが多い。
l'**os** [ɔs] オス　定冠詞と一緒に発音すると [lɔs] ロス	**男** 骨 **pl.** les os [lezo] レゾ

98

Qui a commandé de la poitrine de poulet ?

誰が鳥の胸肉を注文しましたか。

La queue de ce chat est vraiment longue.

この猫のしっぽは本当に長いです。

Il lui a donné un coup de coude.

彼は彼に肘打ちをしました。

coup：男 打つこと，一撃

Le chat dort sur les genoux de la fille.

猫は女の子の膝の上で寝ています。

Si tu as mal à l'estomac, prends ce médicament.

胃が痛いなら，この薬を飲みな。

Ce comédien s'est mis du noir aux lèvres.

その俳優は黒い口紅を塗りました。

se mettre：動 （自分の体に）～をつける

J'ai les lèvres sèches.

唇が乾いています。

J'ai trouvé des os de cerf dans la montagne.

山でシカの骨を見つけました。

cerf：男 シカ

99

la **peau** [po] ポ	女 皮膚，肌
	pl. les peaux

le **sang** [sɑ̃] サン	男 血
	pl. les sangs

la **larme** [larm] ラルム	女 涙
	pl. les larmes

le **regard** [rəgar] ルギャル	男 視線，まなざし
	pl. les regards

le / la **physique** [fizik] フィズィク	男 肉体，身体，容姿
	女 物理学
	pl. les physiques

la **beauté** [bote] ボテ	女 美しさ，美
	pl. les beautés

maigre [mɛgr] メグル	形 やせた
	⇔ gros(-se)：形 太った

J'ai la peau qui devient très sèche en hiver.

私は冬になると肌がとても乾燥します。

Il fait régulièrement des dons de sang.

彼は定期的に献血をしています。

régulièrement：副 定期的に don：男 与えること

Elle pleure à chaudes larmes.

彼女はさめざめと泣いています。

pleurer à chaudes larmes：さめざめと泣く

Cet homme a le regard fatigué.

あの男性は疲れた目をしています。

Le physique n'est pas important.

容姿は重要ではありません。

La beauté de cette forêt est incroyable.

この森の美しさはすばらしいです。

incroyable を意訳しています。

Ma tante est devenue très maigre après être tombée malade.

私のおばは病気になったあと，やせ細ってしまいました。

sourire*
[surir]
スリル

動 ほほえむ

je	souris	nous	sourions
tu	souris	vous	souriez
il/elle	sourit	ils/elles	sourient

le sourire
[surir]
スリル

男 ほほえみ

pl. les sourires

trembler
[trãble]
トゥランブレ

動 震える

 感覚・知覚・認知

17 se sentir*
[sə sãtir]
ス サンティル

動 自分が～と感じる

je	me sens	nous	nous sentons
tu	te sens	vous	vous sentez
il/elle	se sent	ils/elles	se sentent

être

sentir*
[sãtir]
サンティル

動 【自】香る, におう 【他】～を感じる

je	sens	nous	sentons
tu	sens	vous	sentez
il/elle	sent	ils/elles	sentent

l'impression
[ẽpresjɔ̃]
アンプレスィヨン

定冠詞と一緒に
発音すると
[lẽpresjɔ̃]
ランプレスィヨン

女 印象, 感想

pl. les impressions

paraître*
[parɛtr]
パレトゥル

paraitre
とも書く。

動 ～のように見える

je	parais	nous	paraissons
tu	parais	vous	paraissez
il/elle	paraît/parait	ils/elles	paraissent

102

Elle est aimée de tous parce qu'elle sourit toujours.

彼女はいつもニコニコしているのでみんなから好かれています。

Ce vieil homme m'a fait un sourire.

その老人は私にほほえみかけました。

faire un sourire à 人：人にほほえみかける

Il tremble de peur.

彼は恐怖で震えています。

Je ne me sens pas très bien aujourd'hui.

今日はあまり気分がよくないです。

Cette fleur sent tellement bon.

この花はとてもいいにおいがしますね。

J'ai l'impression qu'il va pleuvoir.

雨が降る気がします。

Il paraît toujours triste, mais en fait il est heureux.

彼はいつも悲しそうですが，実は幸せです。

apercevoir*
[apɛrsəvwar]
アペルスヴワル

動 ～を見かける

j'	aperçois	nous	apercevons
tu	aperçois	vous	apercevez
il/elle	aperçoit	ils/elles	aperçoivent

ignorer
[iɲɔre]
イニョレ

動 ～を知らない，無視する

reconnaître*
[rəkɔnɛtr]
ルコネトゥル

動 ～をそれとわかる

reconnaitre とも書く。

je	reconnais	nous	reconnaissons
tu	reconnais	vous	reconnaissez
il/elle	reconnaît/reconnait	ils/elles	reconnaissent

remarquer
[rəmarke]
ルマルケ

動 ～に気づく，注目する

se rappeler*
[sə raple]
ス ラプレ

動 ～を思い出す，覚えている

je	me rappelle	nous	nous rappelons
tu	te rappelles	vous	vous rappelez
il/elle	se rappelle	ils/elles	se rappellent

être

精神・心・考え

18 **l'esprit**
[ɛspri]
エスプリ

定冠詞と一緒に
発音すると
[lɛspri]
レスプリ

男 精神，才気

pl. les esprits

la **liberté**
[liberte]
リベルテ

女 自由

pl. les libertés

Elle a aperçu un loup dans la forêt hier.

彼女は昨日森でオオカミを見かけました。

Sa famille ignorait où il était.

彼の家族は彼がどこにいるのか知りませんでした。

Je ne l'ai pas du tout reconnu.

彼の顔がまったくわかりませんでした。

ne ~ pas du tout : まったく~ない

J'ai remarqué qu'elle avait l'air plus heureuse que d'habitude.

彼女がいつもより幸せそうなことに気がつきました。

avoir l'air +【形容詞】: ~そうだ

Est-ce que tu te rappelles le nom de l'hôtel ?

ホテルの名前覚えている？

Il a perdu l'esprit.

彼は正気を失いました。

perdre l'esprit : 正気を失う

La liberté n'a pas de prix.

自由は値段がつけられないほど貴重なものです。

indépendant / **indépendante** [ɛ̃depɑ̃dɑ̃ ɛ̃depɑ̃dɑ̃t] アンデパンダン アンデパンダントゥ	形 独立した，自立した
la **volonté** [vɔlɔ̃te] ヴォロンテ	女 意志 *pl.* les volontés
la **décision** [desizjɔ̃] デスィズィヨン	女 決定，決心 *pl.* les décisions
se décider [sə deside] ス デスィデ	動 決心する être
oser [oze] オゼ	動 ［＋動詞の原形］思いきって～する
l' **espoir** [ɛspwar] エスプワル 定冠詞と一緒に発音すると [lɛspwar] レスプワル	男 希望，期待の的 *pl.* les espoirs
le **rêve** [rɛv] レヴ	男 夢，願望 *pl.* les rêves

Ma grande sœur est une personne indépendante.　　姉は自立した人です。

Elle a une volonté de fer.　　彼女は不屈の意志を持っています。

Le chef a pris une décision.　　リーダーは決断を下しました。

Il faut se décider rapidement.　　早く決心しなければなりません。

Il a osé poser une question en classe alors qu'il est timide.　　彼はシャイですが，思い切ってクラスで質問してみました。

alors que 〜：〜だが

J'ai encore de l'espoir.　　まだ希望はあります。

J'ai fait un rêve vraiment bizarre la nuit dernière.　　昨夜，本当に奇妙な夢を見ました。

rêver
[rɛve]
レヴェ

動 夢を見る

souhaiter
[swete]
スウェテ

動 〜を望む，願う

le **bonheur**
[bɔnœr]
ボヌル

男 幸せ，幸運

pl. les bonheurs

heureusement
[œrøzmɑ̃]
ウルズマン

副 幸福に，幸いにも

le **malheur**
[malœr]
マルル

男 不幸

pl. les malheurs

**malheureux /
malheureuse**
[malœrø malœrøz]
マルル　マルルズ

形 不幸な，残念な

⇔ heureux/heureuse: 形 うれしい，
幸せな

malheureusement
[malœrøzmɑ̃]
マルルズマン

副 残念ながら，不幸にも

Laure rêve de devenir professeure.

ロールは先生になることを夢見ています。

Je te souhaite de bonnes vacances !

よい休暇を過ごしてね。

L'argent fait-il le bonheur ?

お金で幸せになれるのか。

Heureusement, il a réussi à prendre le train à l'heure.

幸運にも，彼は時間どおりに電車に乗ることができました。

réussir à +【動詞の原形】：～することに成功する

Mon cousin a eu le malheur d'oublier son parapluie alors qu'il pleuvait.

私のいとこは雨が降っているのに不運にも傘を忘れてしまいました。

Je ne sais pas pourquoi, mais Louise semble malheureuse depuis hier soir.

理由はわかりませんが，ルイーズは昨夜からついていないようです。

Malheureusement, j'ai oublié mon téléphone dans le métro.

不幸にも，携帯電話を地下鉄に忘れてしまいました。

| le **sentiment**
[sãtimã]
サンティマン | 男 感情

pl. les sentiments |

| l'**amour**
[amur]
アムル   定冠詞と一緒に発音すると [lamur] ラムル | 男 愛情，恋愛，恋

pl. les amours

複数では女性形で扱うことがある。 |

| la **joie**
[ʒwa]
ジュワ | 女 喜び

pl. les joies |

| **enchanté／enchantée**
[ãʃãte ãʃãte]
アンシャンテ アンシャンテ | 形 [de ～] ～でとてもうれしい，大変満足した |

| **ravi／ravie**
[ravi ravi]
ラヴィ ラヴィ | 形 [de ～] ～でとてもうれしい，大喜びの |

enchanté(-e) と ravi(-e) はほぼ同義語だが，文脈によっては ravi(-e) の方が若干フォーマル。

| **volontiers**
[vɔlɔ̃tje]
ヴォロンティエ | 副 喜んで，心から |

| **admirer**
[admire]
アドゥミレ | 動 ～に感心する，～を称賛する |

Il est important de parler de ses sentiments avec les gens qu'on aime.

好きな人たちに自身の感情を話すのは大切です。

L'amour rend aveugle.

恋は盲目（ことわざ）。

直訳：恋は（人を）盲目にする。

aveugle：彫 盲目の

Les élèves sont pleins de joie quand les vacances arrivent.

バカンスが近づくと，生徒たちは喜びに満ち溢れています。

Je suis enchanté de vous rencontrer.

あなたにお会いできてとてもうれしいです。

Je suis ravi d'avoir de vos nouvelles.

あなたの便りをもらい，とてもうれしいです。

Nous répondrons volontiers à toutes vos questions.

私たちは皆さんの質問に喜んでお答えします。

J'admire sa persévérance.

persévérance：女 粘り強さ，根気

私は彼女の粘り強さに感心しています。

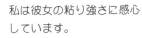

Cette chanteuse est admirée dans le monde entier.

この歌手は世界中で称賛されています。

respecter
[rɛspɛkte]
レスペクテ

動 ～を尊敬する，尊重する

l'honneur
[ɔnœr]
オヌル

定冠詞と一緒に発音すると
[lɔnœr]
ロヌル

男 名誉，誇り

pl. les honneurs

fier / fière
[fjɛr fjɛr]
フィエル フィエル

形 [de ～] ～が自慢である

la honte
[ɔ̃t]
オントゥ

女 恥

pl. les hontes

regretter
[rəgrete]
ルグレテ

動 ～を後悔する，残念に思う

pénible
[penibl]
ペニブル

形 つらい

se plaindre*
[sə plɛ̃dr]
ス プランドゥル

動 [de ～] ～について不平を言う，嘆く

être

je	me plains	nous	nous plaignons
tu	te plains	vous	vous plaignez
il/elle	se plaint	ils/elles	se plaignent

Nous devons respecter sa décision.

私たちは彼女の決断を尊重しなければなりません。

Nous avons l'honneur de vous annoncer notre mariage.

私たちは結婚することを謹んでお知らせいたします。

avoir l'honneur de +【動詞の原形】：
〜する光栄に浴する，謹んで〜する

Je suis fière de ma fille.

私は娘を誇りに思っています。

Il a honte de sa vieille voiture.

彼は自分の古い車を恥じています。

Je regrette de lui avoir prêté de l'argent.

彼にお金を貸したことを後悔しています。

Cette chaleur est pénible.

この暑さはつらいです。

Mon père se plaint souvent d'avoir mal au bas du dos.

父はよく腰の痛みについて嘆いています。

au bas du dos：直訳は「背中の下」→腰

crier
[krije]
クリエ

動 叫ぶ

---

la **colère**
[kɔlɛr]
コレル

女 怒り

pl. les colères

---

gronder
[grɔ̃de]
グロンデ

動 ～を叱る

---

la **surprise**
[syrpriz]
スュルプリズ

女 驚き，思いがけないもの（贈り物）

pl. les surprises

étonnant/étonnante
[etɔnɑ̃ etɔnɑ̃t]
エトナン　エトナントゥ

形 驚くべき，意外な

étonner
[etɔne]
エトネ

動 ～を驚かせる

---

incroyable
[ɛ̃krwajabl]
アンクロワイヤブル

形 信じられない

Elle a crié en trouvant une grosse araignée.

araignée：男 クモ

Ces enfants jouent en criant.

大きなクモを見つけて彼女は叫び声を上げました。

あの子どもたちは，叫び声を上げながら遊んでいます。

Ses parents sont en colère.

彼の両親は怒っています。

en colère：怒って

Il s'est fait gronder par sa mère.

彼はお母さんに叱られました。

Pour son anniversaire, ils lui ont fait une surprise.

彼女の誕生日に，彼らは彼女に思いがけない贈り物をしました。

La fin du film est étonnante.

その映画の結末は驚きです。

C'est une information qui étonnera le monde entier.

それは世界中を驚かせるであろう情報です。

La vue du haut de la montagne est incroyable.

山の上からの景色はすばらしいです。

douter
[dute]
ドゥテ

動 [de 〜] 〜を疑う

---

le **doute**
[dut]
ドゥトゥ

男 疑い

pl. les doutes

---

menacer*
[mənase]
ムナセ

動 〜を脅す，（危険が）迫る

je	menace	nous	menaçons
tu	menaces	vous	menacez
il/elle	menace	ils/elles	menacent

---

craindre*
[krɛ̃dr]
クランドゥル

動 〜を恐れる，心配する

je	crains	nous	craignons
tu	crains	vous	craignez
il/elle	craint	ils/elles	craignent

---

inquiet / inquiète
[ɛ̃kjɛ ɛ̃kjɛt]
アンキエ アンキエトゥ

形 心配な，不安な

---

la **confiance**
[kɔ̃fjɑ̃s]
コンフィヤンス

女 信頼，信用

pl. les confiances

---

grâce à 〜
[gras a]
グラス ア

前 〜のおかげで

前置詞句

Je doute qu'il vienne aujourd'hui.

彼が今日来るかどうかは疑わしいです。

La secrétaire a des doutes sur les données statistiques de ce document.

秘書はこの資料の統計データに疑いを持っています。

données statistiques：**女複** 統計データ

Un animal peut devenir dangereux quand il se sent menacé.

動物は身の危険を感じたとき凶暴になることがあります。

pouvoir は「〜できる」の他に「〜することがある」という意味もある。

se sentir ＋属詞：自分が〜だと感じる

Les souris craignent les chats.

ネズミは猫を恐れています。

Mes parents sont très inquiets pour mon avenir.

両親は私の将来のことをとても心配しています。

Elle te fait confiance.

彼女は君を信頼しています。

faire confiance à 人：〜を信頼する

J'ai réussi grâce à elle.

彼女のおかげでうまく行きました。

intéresser
[ɛ̃terese]
アンテレセ

🔘 ～の興味を呼ぶ，関心を引く

---

l'intérêt
[ɛ̃terɛ]
アンテレ

定冠詞と一緒に
発音すると
[lɛ̃terɛ]
ランテレ

🔵 関心，利益

pl. les intérêts

---

favori / favorite
[favɔri favɔrit]
ファヴォリ　ファヴォリトゥ

🔶 お気に入りの

---

fou / folle
[fu fɔl]
フ　フォル

🔶 [de ～] ～に夢中の

男複	fous	母音及び無音の h	fol
女複	folles	で始まる男単の前	

---

détester
[detɛste]
デテステ

🔘 ～を嫌う

---

l'effort
[efɔr]
エフォル

定冠詞と一緒に
発音すると
[lefɔr]
レフォル

🔵 努力

pl. les efforts

---

la **patience**
[pasjɑ̃s]
パスィヤンス

🔴 忍耐力，根気

pl. les patiences

Cet appartement m'intéresse beaucoup.

私はこのアパルトマンにとても興味があります。

L'investisseur a montré de l'intérêt pour ce projet.

投資家はそのプロジェクトについて関心を示しました。

investisseur/investisseuse：男女 投資家

Le gâteau au chocolat est mon dessert favori.

ガトーショコラは私のお気に入りのデザートです。

Théo est fou de basketball.

テオはバスケットボールに夢中です。

Je déteste l'hiver.

私は冬が嫌いです。

Faire des efforts, c'est la clé du succès.

努力すること，それが成功のカギです。

Ce chien a beaucoup de patience avec les enfants.

この犬は子どもに対してとても我慢強いです。

la **pression**	**女** 圧力，プレッシャー，影響
[presjɔ̃] プレスィヨン	**pl.** les pressions

l'**intention**	**女** 意図
[ɛ̃tɑ̃sjɔ̃] アンタンスィヨン 定冠詞と一緒に 発音すると [lɛ̃tɑ̃sjɔ̃] ランタンスィヨン	**pl.** les intentions

supposer	**動** ～だと思う，～を推測する
[sypoze] スュポゼ	

imaginer	**動** ～を想像する，心に思い描く
[imaʒine] イマジネ	

juger[★]	**動** ～を裁く，判断する
[ʒyʒe] ジュジェ	je juge　　nous jugeons tu juges　　vous jugez il/elle juge　ils/elles jugent

le **choix**	**男** 選択，品ぞろえ
[ʃwa] シュワ	**pl.** les choix

🎧 **意見・議論**

¹⁹ l'**opinion**

	女 意見，世論
[ɔpinjɔ̃] オピニョン 定冠詞と一緒に 発音すると [lɔpinjɔ̃] ロピニョン	**pl.** les opinions 個人的な判断や意見を指し， 根拠がない場合が多い。

Il y a beaucoup de pression sur les parents au sujet de l'avenir de leurs enfants.

子どもの将来について両親たちには多くのプレッシャーがあります。

au sujet de ~ : ～について

Elle a l'intention de partir en voyage bientôt.

彼女はもうすぐ旅に出発するつもりです。

Je suppose que Paul est sorti.

ポールは外出したと思うよ。

J'imagine que oui.

そうだと思います。

書き言葉では，oui とそれに先立つ単語はリエゾンもエリズィオンもしない。だが，会話では "qu'oui" となることがある。

Elle juge que c'est la bonne décision.

彼女はそれはよい決定であると判断しています。

Nous n'avons pas le choix.

私たちには選択の余地がありません（＝しょうがない）。

Il est impossible qu'elle soit de ton opinion.

彼女が君の意見に賛成だなんてありえない。

121

l'**avis**

[avi]
アヴィ

定冠詞と一緒に
発音すると
[lavi]
ラヴィ

男 意見，見解

pl. les avis

ある程度深い熟考の結果として生
まれる考えや専門家の見解を指す。

l'**accord**

[akɔr]
アコル

定冠詞と一緒に
発音すると
[lakɔr]
ラコル

男 同意，一致

pl. les accords

la **discussion**

[diskysjɔ̃]
ディスキュスィヨン

女 議論，話し合い

pl. les discussions

discuter

[diskyte]
ディスキュテ

動 議論する

la **logique**

[lɔʒik]
ロジク

女 論理，論理学

pl. les logiques

le **sujet**

[syʒɛ]
スュジェ

男 主題，テーマ

pl. les sujets

intervenir*

[ɛ̃tɛrvənir]
アンテルヴニル

動 [dans 〜] 〜に介入する，発言する

j'	interviens	nous	intervenons	être
tu	interviens	vous	intervenez	
il/elle	intervient	ils/elles	interviennent	

L'avis de sa famille est important. 　彼女の家族の意見は大事です。

À mon avis, il fait plus chaud à
Nagoya qu'à Tokyo. 　私の意見では，東京より名
古屋の方が暑いです。

Je suis d'accord avec toi. 　私は君に賛同します。

Grâce à ce document, les
discussions ont été très riches. 　この資料のおかげで，議論は
とても内容が濃かったです。

J'aime beaucoup discuter avec
des inconnus. 　私は知らない人と議論する
のが好きです。

inconnu(-e)：男女 初対面の人

Ce que mon voisin vient de dire
va complètement à l'encontre de
la logique. 　私の隣人が言ったことは，
完全に論理に反しています。

ce que ～：～すること，もの

à l'encontre de ～：
～に反対して

Quel est le sujet de ton exposé ? 　君の研究発表のテーマは何
ですか。

exposé：男 研究発表

Le docteur est intervenu dans
cette discussion sérieuse. 　医者はそのまじめな議論に
口をはさみました。

123

20 **prononcer***
[prɔ̃ɔ̃se]
プロノンセ

動 ～を発音する

je	prononce	nous	prononçons
tu	prononces	vous	prononcez
il/elle	prononce	ils/elles	prononcent

la **parole**
[parɔl]
パロル

女 話すこと, 言葉, [複数形で]歌詞

pl. les paroles

raconter
[rakɔ̃te]
ラコンテ

動 ～を語る, 話す

exposer
[ɛkspoze]
エクスポゼ

動 ～を説明する, 展示する

déclarer
[deklare]
デクラレ

動 ～を宣言する, 申告する

assurer
[asyre]
アスュレ

動 ～を断言する, 保証する

mentir*
[mɑ̃tir]
マンティル

動 うそをつく

je	mens	nous	mentons
tu	mens	vous	mentez
il/elle	ment	ils/elles	mentent

124

Sais-tu comment prononcer ce mot ?

この単語をどう発音するか わかる？

Les paroles de cette chanson parlent de l'enfance.

この歌の歌詞は幼少時代の ことを語っています。

Mes enfants aiment que je leur raconte des histoires avant de dormir.

子どもたちは寝る前に私の お話を聞くのが好きです。

Le policier expose les causes de l'accident.

警察官が事故の原因を説明 ています。

Il a déclaré que c'était impossible.

彼はそれは不可能だと宣言 しました。

Le dentiste m'a assuré que tout irait bien pendant l'opération.

歯科医は私に手術中は全て うまく行くと断言しました。

Mon collègue a menti, il chante très bien.

私の同僚はうそをついた。 彼は歌がとてもうまいじゃ ないか。

| le **mensonge** | 男 うそ |
| [mɑ̃sɔ̃ʒ] マンソンジュ | *pl.* les mensonges |

| le **discours** | 男 演説, スピーチ |
| [diskur] ディスクル | *pl.* les discours |

| le **texte** | 男 文章 |
| [tɛkst] テクストゥ | *pl.* les textes |

| l'**expression** | 女 表現, 言い回し, 表情 |
| [ɛkspresjɔ̃] エクスプレスィヨン 定冠詞と一緒に発音すると [lɛkspresjɔ̃] レクスプレスィヨン | *pl.* les expressions |

| le **sens** | 男 意味 |
| [sɑ̃s] サンス | *pl.* les sens |

traduire＊

[tradɥir]
トゥラデュイル

動 ～を翻訳する

je	traduis	nous	traduisons
tu	traduis	vous	traduisez
il/elle	traduit	ils/elles	traduisent

noter

[nɔte]
ノテ

動 ～を書き留める
　　～に注意する

La mère de ce lycéen est mécontente parce qu'il lui a raconté des mensonges.

この高校生の母親は彼にうそをつかれたのでので不満です。

La présidente est en train de faire un discours.

大統領は演説の最中です。

Ton texte est mieux écrit que le mien.

君のテクストは私のよりよく書けているね。

« Déjà-vu » est une expression française.

「デジャヴ」はフランス語の言い回しです。

déjà-vu : 男 すでに見たもの

Quel est le sens de cette phrase ?

この文の意味は何ですか。

Pourrais-tu traduire cette phrase en japonais ?

この文を日本語に訳してくれるかな？

J'ai noté l'explication de cet artiste.

explication : 女 説明

Il faut noter que l'avocate a présenté beaucoup de preuves.

私はその芸術家の説明を書き留めました。

弁護士がたくさんの証拠を提示したことは注目すべきです。

souligner
[suliɲe]
スリニェ

動 ～に下線を引く，～を強調する，
目立たせる

🎧 メディア

21 la **revue**
[rəvy]
ルヴュ

女 雑誌

pl. les revues

la **presse**
[pʀɛs]
プレス

女 新聞
報道

pl. les presses

l' **article**
[aʀtikl]
アルティクル

定冠詞と一緒に
発音すると
[laʀtikl]
ラルティクル

男 (新聞，雑誌の) 記事
品物，商品

pl. les articles

le **renseignement**
[ʀɑ̃sɛɲmɑ̃]
ランセニュマン

男 情報

pl. les renseignements

le **fait**
[fɛ/fɛt]
フェ／フェトゥ

男 事実

pl. les faits

en fait：実際に (fait は「フェトゥ[fɛt]」と発音)
tout à fait：まったく (fait の発音は「フェ[fɛ]」)

le **détail**
[detaj]
デタイユ

男 詳細

pl. les détails

128

Soulignez les verbes en rouge.

動詞に赤で下線を引いてください。

verbe：**男** 動詞

Sur la table, il y a plusieurs revues sur le ski.

テーブルの上にはいくつかのスキーに関する雑誌があります。

J'ai appris dans la presse que ce boulanger a obtenu le premier prix au concours de la baguette.

新聞でこのパン屋がバゲットのコンクールで優勝したことを知りました。

prix：**男** 賞

Cet article est très intéressant.

この記事はとてもおもしろいです。

Nous avons besoin de plus de renseignements pour comprendre la situation.

状況を理解するために私たちはもっと多くの情報が必要です。

plus de ～：より多くの～

Sa mort est un fait.

彼（女）の死は事実です。

C'est un détail très important.

それはとても重要な詳細です。

l'**éducation**

[edykasjɔ̃]
エデュキャスィヨン

定冠詞と一緒に
発音すると
[ledykasjɔ̃]
レデュキャスィヨン

女 教育

pl. les éducations

---

l'**enseignement**

[ãsɛɲmã]
アンセニュマン

定冠詞と一緒に
発音すると
[lãsɛɲmã]
ランセニュマン

男 教育

pl. les enseignements

---

la **formation**

[fɔrmasjɔ̃]
フォルマスィヨン

女 養成, 育成

pl. les formations

---

le **programme**

[prɔgram]
プログラム

男 プログラム
番組表

pl. les programmes

---

le **progrès**

[prɔgrɛ]
プログレ

男 進歩

pl. les progrès

---

la **connaissance**

[kɔnɛsãs]
コネサンス

女 知識
（人と）知り合うこと

pl. les connaissances

---

enseigner

[ãsɛɲe]
アンセニェ

動 ～を教える

L'éducation est la base de toute société.

教育はあらゆる社会の基本です。

L'enseignement universitaire est gratuit en Suède.

スウェーデンでは大学教育は無料です。

Suède：🔄スウェーデン

Il suit une formation en enseignement du français.

彼はフランス語教育の養成を受けています。

Mon ami s'est inscrit au nouveau programme d'espagnol de mon école.

友人は私の学校の新しいスペイン語のプログラムに申し込みました。

Elle a fait beaucoups de progrès en anglais depuis l'année dernière.

彼女は去年から英語で大きな進歩をしました。

Il manque de connaissances au sujet de l'informatique.

彼には情報科学に関する知識が足りません。

informatique：🔄情報科学

Elle enseigne l'allemand aux adultes.

彼女は大人にドイツ語を教えています。

---

découvrir*
[dekuvrir]
デクヴリル

動 ～を発見する

je	découvre	nous	découvrons
tu	découvres	vous	découvrez
il/elle	découvre	ils/elles	découvrent

comparer
[kɔ̃pare]
コンパレ

動 ～を比較する

prouver
[pruve]
プルヴェ

動 ～を証明する，示す，～の根拠
となる

la **preuve**
[prœv]
プルヴ

女 証拠，あかし

pl. les preuves

l'**enquête**
[ãkɛt]
アンケトゥ

定冠詞と一緒に
発音すると
[lãkɛt]
ランケトゥ

女 調査，アンケート

pl. les enquêtes

la **liste**
[list]
リストゥ

女 リスト，名簿

pl. les listes

la **faculté**
[fakylte]
ファキュルテ

女 学部
大学

pl. les facultés

Ce chercheur a découvert une plante inconnue.

この研究者は未知の植物を発見しました。

chercheur/chercheuse：男女 研究者

C'est difficile de les comparer.

それらを比べることは難しいです。

Ces résultats lui ont permis de prouver que cet exercice est efficace pour apprendre le français.

それらの結果によって，彼（女）はこの練習がフランス語を学ぶのに効果的であることを証明できました。

efficace：形 効果的な

Il faut des preuves scientifiques pour pouvair dire que les fantômes existent.

幽霊が存在すると言うには，科学的な証拠が必要です。

fantôme：男 幽霊

Il a fait une enquête sur le petit-déjeuner.

彼は朝食に関する調査を行いました。

Le professeur a perdu la liste de ses étudiants.

先生は学生名簿を失くしてしまいました。

Elle étudie à la faculté de médecine de l'université de Montréal.

彼女はモントリオール大学医学部で勉強しています。

133

les **mathématiques**
[matematik]
マテマティク

複女 数学

省略形：math(-s)

la **médecine**
[medsin]
メドゥスィヌ

女 医学

pl. les médecines

la **science**
[sjãs]
スィヤンス

女 科学
学問

pl. les sciences

scientifique
[sjãtifik]
スィヤンティフィク

形 科学的な，客観的な

la **note**
[nɔt]
ノトゥ

女 メモ
点数，成績

pl. les notes

成功・失敗・間違い

23 le **succès**
[syksɛ]
スュクセ

男 成功

pl. les succès

la **réussite**
[reysit]
レユスィトゥ

女 成功，合格

pl. les réussites

Catherine est vraiment excellente en mathématiques.

カトリーヌは本当に数学で優秀です。

Ma mère a rencontré une étudiante en médecine à l'hôpital.

私の母は病院で医学生に会いました。

Elle est professeure de sciences politiques à l'université.

彼女は大学で政治学の教授をしています。

sciences politiques : 政治学

Je lis souvent des articles dans des revues scientifiques.

私はよく学術誌の記事を読んでいます。

Ma petite sœur a eu une très bonne note à son examen de japonais.

妹は日本語のテストでとてもいい点数を取りました。

Elle a beaucoup de succès dans sa carrière.

彼女は自身のキャリアでたくさんの成功を収めています。

Quelle belle réussite !

なんという大成功！

échouer
[eʃwe]
エシュウェ

動 [à ~] ~に失敗する

l'échec：男 失敗

rater
[rate]
ラテ

動 ~に乗り遅れる，失敗する

se tromper
[sə trɔ̃pe]
ス トゥロンペ

動 [de ~] ~を間違える

être

la faute
[fot]
フォトゥ

女 間違い，ミス，落ち度

pl. les fautes

怠慢や不注意から起こる間違い

l'erreur
[erœr]
エルル

定冠詞と一緒に
発音すると
[lɛrœr]
レルル

女 間違い，エラー

pl. les erreurs

意図しない間違い

獲得・喪失

24

marquer
[marke]
マルケ

動 ~に印をつける，(得点を)あげる

obtenir*
[ɔptənir]
オプトゥニル

動 ~を獲得する

j'	obtiens	nous	obtenons
tu	obtiens	vous	obtenez
il/elle	obtient	ils/elles	obtiennent

136

Il a encore échoué à son examen d'anglais.

彼は英語の試験にまた落ちました。

Elle rate son bus tous les matins.

彼女は毎朝バスに乗り遅れます。

Mon collègue se trompe toujours de nom quand il veut m'appeler.

同僚は私を呼ぶときいつも名前を間違えます。

Cet échec est la faute du chef.

その失敗はリーダーの責任です。

Il y a plusieurs erreurs sur cette page.

このページにはたくさんのエラーがあります。

Hier, mon ami a marqué un beau but pendant le match de football.

昨日，友人はサッカーの試合できれいなゴールを決めました。

Mon cousin a enfin obtenu son permis de conduire.

私のいとこはついに自動車免許を取得しました。

gagner
[gaɲe]
ギャニェ

動 ～に勝つ，～をかせぐ

---

la **victoire**
[viktwar]
ヴィクトゥワル

女 勝利

pl. les victoires

---

la **perte**
[pɛrt]
ペルトゥ

女 失うこと

pl. les pertes

---

le **chômage**
[ʃomaʒ]
ショマジュ

男 失業

pl. les chômages

🎧 仕事・役割・職業

25 la **tâche**
[taʃ]
タシュ

女 すべき仕事，任務

pl. les tâches

---

l' **emploi**
[ãplwa]
アンプルワ

定冠詞と一緒に
発音すると
[lãplwa]
ランプルワ

男 職

pl. les emplois

---

le **métier**
[metje]
メティエ

男 職業，仕事

pl. les métiers

Elle a gagné des billets pour le concert de sa chanteuse préférée.

彼女は好きな歌手のコンサートのチケットを当てました。

L'équipe de football a fêté sa victoire.

サッカーチームは勝利を祝いました。

La perte d'une personne chère est toujours difficile.

大事な人を失うことはいつもつらいものです。

cher / chère ： 形 大切な

Beaucoup de gens sont au chômage.

たくさんの人々が失業中です。

J'ai fini toutes mes tâches de la journée.

私は今日のすべての仕事を終えました。

Mon petit copain a un nouvel emploi.

私の彼氏は新しい職を見つけました。

Mon oncle a décidé d'apprendre un nouveau métier.

私のおじは新しく手に職をつけることに決めました。

la **profession**
[prɔfɛsjɔ̃]
プロフェスィヨン

女 職業

現在，le métier (p.138) との違いはほぼないが，元々は métier は手作業に関する仕事，profession は，弁護士や医者など知的労働を指す言葉だった。

pl. les professions

le **rôle**
[rol]
ロル

男 役，役割

pl. les rôles

charger＊
[ʃarʒe]
シャルジェ

動 ～に役目を負わせる，荷物を積む，充電する

je	charge	nous	chargeons
tu	charges	vous	chargez
il/elle	charge	ils/elles	chargent

le **poste**
[pɔst]
ポストゥ

男 地位，ポスト

pl. les postes

la poste：女 郵便，郵便局 (bureau de poste)

la **responsabilité**
[rɛspɔ̃sabilite]
レスポンサビリテ

女 責任，責務

pl. les responsabilités

occuper
[ɔkype]
オキュペ

動 (場所・地位を) 占める，占拠する

exercer＊
[ɛgzɛrse]
エグゼルセ

動 ～を鍛える，訓練する，(職務を) 行う

j'	exerce	nous	exerçons
tu	exerces	vous	exercez
il/elle	exerce	ils/elles	exercent

140

La profession de ma mère, c'est médecin.	母の仕事は医師です。
Les grands-parents jouent souvent un rôle important dans l'éducation des enfants.	子どもの教育において祖父母は，しばしば重要な役割を演じます。
Il est chargé d'organiser la fête d'anniversaire de son ami.	彼は友人の誕生日パーティーの企画を担当しています。
Ma collègue a obtenu un nouveau poste.	同僚は新しいポストに就きました。
Elle a beaucoup de responsabilités au travail.	彼女は仕事でたくさんの責任を負っています。
Son nouveau rôle de père occupe tout son temps libre.	彼の父親としての新しい役割は彼の自由なすべての時間を占めています。
Il exerce ce métier depuis longtemps.	彼はずっと前からこの仕事をしています。

diriger＊
[diriʒe]
ディリジェ

動 〜を指揮する，監督する，経営する

je	dirige	nous	dirigeons
tu	diriges	vous	dirigez
il/elle	dirige	ils/elles	dirigent

employer＊
[ãplwaje]
アンプルワイエ

動 （人を）雇う，（物を）用いる

j'	emploie	nous	employons
tu	emploies	vous	employez
il/elle	emploie	ils/elles	emploient

le **patron**/
la **patronne**
[patrɔ̃ patrɔn]
パトゥロン　パトゥロヌ

男 女 経営者

pl. les patrons/patronnes

le **président**/
la **présidente**
[prezidã prezidãt]
プレズィダン　プレズィダントゥ

男 女 社長，大統領

pl. les présidents/présidentes

le **directeur**/
la **directrice**
[dirɛktœr dirɛktris]
ディレクトゥル　ディレクトゥリス

男 女 長

pl. les directeurs/directrices

部長，所長，校長など

le **maître**/
la **maîtresse**
[mɛtr mɛtrɛs]
メトゥル　メトゥレス

男 女 主人，飼い主，師

pl. les maîtres/maîtresses

le **responsable**/
la **responsable**
[rɛspɔ̃sabl rɛspɔ̃sabl]
レスポンサブル　レスポンサブル

男 女 責任者

pl. les responsables

Le chef d'orchestre **dirige** les musiciens.

オーケストラの指揮者は演奏家たちを指揮しています。

orchestre：男 オーケストラ

Cette université **emploie** une centaine de professeurs.

この大学は100人ほどの教員を雇っています。

une centaine de ～：約100の～

La **patronne** a téléphoné à la secrétaire pour vérifier le nom et l'adresse de la cliente.

経営者は顧客の名前と住所を確認するために秘書に電話しました。

vérifier：動 ～を確認する

La **présidente** de notre entreprise est en voyage d'affaires à l'étranger.

私たちの会社の社長は海外出張中です。

voyage d'affaires：男 出張

C'est la **directrice** de l'hôpital.

こちらは病院の院長です。

Connais-tu le **maître** du gros chien gris qui est assis là-bas ?

あそこでお座りしているグレーの大きな犬の飼い主を知ってる？

C'est la **responsable** de notre équipe.

こちらが私たちのチームの責任者です。

le **salarié**/	男女 給与所得者，サラリーマン
la **salariée**	
[salarje salarje]	*pl.* les salariés/salariées
サラリエ サラリエ	

le **salaire**	男 給料，賃金
[saler]	*pl.* les salaires
サレル	

l' **employé**/l' **employée**	男女 従業員，会社員
[ɑ̃plwaje ɑ̃plwaje]	*pl.* les employés/employées
アンプルワイエ アンプルワイエ	

定冠詞と一緒に発音すると
[lɑ̃plwaje]
ランプルワイエ

le **personnel**	男 [集合的に] 従業員
[pɛrsɔnɛl]	
ペルソネル	

l' **agent**/l' **agente**	男女 代理人，仲介業者
[aʒɑ̃ aʒɑ̃t]	警官
アジャン アジャントゥ	*pl.* les agents/agentes

定冠詞と一緒に
発音すると
[laʒɑ̃ laʒɑ̃t]
ラジャン ラジャントゥ

le **peintre**/	男女 画家
la **peintre**	
[pɛ̃tr pɛ̃tr]	*pl.* les peintres
パントゥル パントゥル	

l' **infirmier**/l' **infirmière**	男女 看護師
[ɛ̃firmje ɛ̃firmjɛr]	*pl.* les infirmiers/infirmières
アンフィルミエ アンフィルミエル	

定冠詞と一緒に発音すると
[lɛ̃firmje lɛ̃firmjɛr]
ランフィルミエ ランフィルミエル

Les salariés de cette entreprise ont reçu une augmentation de salaire.

この会社の社員は給料の値上げを受けました。（給料が上がりました。）

augmentation：女 増加，上昇

Cette entreprise offre de très bons salaires.

この会社は給料がいいです。

Les employés de ce magasin sont bien payés.

このお店の従業員はたくさんの給料をもらっています。

Le personnel de cette pharmacie est toujours très gentil.

この薬局の従業員はいつもとてもやさしいです。

L'agent immobilier nous a fait visiter une maison.

不動産仲介業者はある家を私たちに内見させました。

agent immobilier：不動産仲介業者

Nous sommes allés voir un film sur la vie de ce peintre au cinéma.

私たちはこの画家の生涯を描いた映画を見に映画館に行きました。

L'infirmier s'occupe de mon père.

その看護師は父の面倒を見ています。

le **journaliste**/ la **journaliste** [ʒurnalist ʒurnalist] ジュルナリストゥ　ジュルナリストゥ	男 女 記者，ジャーナリスト *pl.* les journalistes

l'**instituteur**/l'**institutrice** [ɛ̃stitytœr ɛ̃stitytris] アンスティテュトゥル　アンスティテュトゥリス 定冠詞と一緒に発音すると [lɛ̃stitytœr lɛ̃stitytris] ランスティテュトゥル　ランスティテュトゥリス	男 女 （小学校，幼稚園の）教員 *pl.* les instituteurs/institutrices

le **fonctionnaire**/ la **fonctionnaire** [fɔ̃ksjɔnɛr fɔ̃ksjɔnɛr] フォンクスィヨネル　フォンクスィヨネル	男 女 公務員 *pl.* les fonctionnaires

l'**auteur**/ l'**auteure** 定冠詞と一緒に 発音すると [lotœr] ロトゥル [otœr otœr] オトゥル　オトゥル	男 女 作者，著者 *pl.* les auteurs/auteures 女性形は autrice も可。

le **pharmacien**/ la **pharmacienne** [farmasjɛ̃ farmasjɛn] ファルマスィヤン　ファルマスィエヌ	男 女 薬剤師 *pl.* les pharmaciens/ pharmaciennes

le **coiffeur**/ la **coiffeuse** [kwafœr kwaføz] クワフル　クワフズ	男 女 美容師，理容師 *pl.* les coiffeurs/coiffeuses

🎧 計画

26 | le **projet**
[prɔʒɛ]
プロジェ | 男 計画，プロジェクト

pl. les projets |
|---|---|

Le journaliste mène une enquête au sujet de ce musicien.

ジャーナリストはこのミュージシャンについて調査を行っています。

L'instituteur a grondé ses élèves.

教員は生徒たちを叱りました。

Elle est fonctionnaire à la mairie.

彼女は市役所で公務員として働いています。

L'auteure de ce tableau est très célèbre.

この絵の作者はとても有名です。

La pharmacienne m'a expliqué comment prendre ce médicament.

薬剤師はどうやってこの薬を飲むか説明してくれました。

Mon mari est allé chez le coiffeur jeudi.

私の夫は木曜日に美容室に行きました。

As-tu des projets de voyage pour les vacances ?

バカンスの旅行計画はある？

le **plan** [plɑ̃] プラン	**男** 計画，予定 地図 **pl.** les plans
l'**organisation** [ɔrganizasjɔ̃] オルガニザスィヨン 定冠詞と一緒に発音すると [lɔrganizasjɔ̃] ロルガニザスィヨン	**女** 企画 組織，機関 les organisations
organiser [ɔrganize] オルガニゼ	**動** ～を企画準備する，～の計画を立てる
prévoir* [prevwar] プレヴワル	**動** ～を予想する，予定する je prévois nous prévoyons tu prévois vous prévoyez il/elle prévoit ils/elles prévoient
le **but** [byt] ビュトゥ	**男** 目的 【スポーツ】ゴール **pl.** les buts
le **budget** [bydʒɛ] ビュッジェ	**男** 予算 **pl.** les budgets
réaliser [realize] レアリゼ	**動** ～を実現させる，（映画・番組を）制作する ～に気づく

148

Avez-vous des plans pour le week-end ?

週末予定はありますか。

Je m'occupe de l'organisation du congrès cette année.

今年私は学術会議の企画を担当します。

congrès：男（学術・外交などの）会議

Il faut commencer à organiser la conférence tout de suite.

すぐに講演の企画を始めなければなりません。

conférence：女 講演

La météo prévoit du soleil pour aujourd'hui.

de luxe：豪華な

Nous prévoyons de construire un hôtel de luxe.

prévoir de +【動詞の原形】：～することを予定する

天気予報では今日は晴れると言っています。

私たちは豪華ホテルを建設することを予定しています。

Le but est d'améliorer la situation des habitants.

目的は住民たちの状況を改善することです。

Le budget a été réduit cette année.

今年予算は減らされました。

受動態の複合過去形（～された）：avoir été +【過去分詞】

Elle a enfin réalisé son rêve de devenir avocate.

彼女はついに弁護士になる夢をかなえました。

Il a réalisé un nouveau film d'animation.

彼は新しいアニメ映画を制作しました。

27 **créer**
[kree]
クレエ

動 〜を創造する，創設する

composer
[kɔ̃poze]
コンポゼ

動 〜を構成する，作曲する

la **peinture**
[pɛ̃tyr]
パンテュル

女 （芸術ジャンルとしての）絵画

pl. les peintures

le tableau：男 （描かれた）絵

l'**image**
[imaʒ]
イマジュ

定冠詞と一緒に
発音すると
[limaʒ]
リマジュ

女 画像，絵，イメージ

pl. les images

dessiner
[desine]
デスィネ

動 〜をデッサンする，（線で）描く

le **dessin**
[desɛ̃]
デサン

男 デッサン，絵

pl. les dessins

décrire*
[dekrir]
デクリル

動 〜を描写する

je	décris	nous	décrivons
tu	décris	vous	décrivez
il/elle	décrit	ils/elles	décrivent

Ils ont créé un groupe de musique.

彼らは音楽グループを結成しました。

Elle a composé une belle chanson.

彼女は美しい歌を作曲しました。

J'aime la peinture hollandaise du XVIᵉ siècle.

16世紀のオランダ（ネーデルラント）絵画が好きです。

hollandais(-e)：形 オランダの

Mon fils lisait souvent ce livre d'images.

私の息子はこの絵本をよく読んでいました。

Je dessine parfois des fleurs.

私はときどき花を写生します。

C'est le dessin que mon petit frère a fait.

それは私の弟が描いたデッサンです。

Il a décrit le vieux monsieur en détail.

彼はその老人を事細かに描写しました。

en détail：詳細に

| le **héros** | 男 男性主人公，ヒーロー |
| [ero] エロ hは有声なので，エリズィオンせず [lə ero] ル エロ | *pl.* les héros [le ero] レ エロ |

| l'**héroïne** | 女 女性主人公，ヒロイン |
| [erɔin] エロイヌ 定冠詞と一緒に発音すると [lerɔin] レロイヌ | *pl.* les héroïnes [lezerɔin] レゼロイヌ |

| le **roman** | 男 （長編）小説 |
| [rɔmã] ロマン | *pl.* les romans |

| l'**œuvre** | 女 作品 |
| [œvr] ウヴル 定冠詞と一緒に発音すると [lœvr] ルヴル | *pl.* les œuvres |

| le **titre** | 男 題名，肩書き |
| [titr] ティトゥル | *pl.* les titres |

🎧 **娯楽・趣味**

| 28 la **série** | 女 ひと続き，ひと揃い，シリーズ |
| [seri] セリ | *pl.* les séries |

| le **jeu** | 男 遊び，ゲーム，競技，演奏 |
| [ʒø] ジュ | *pl.* les jeux |

152

Qui est le héros de cette
histoire ?

この物語の主人公は誰ですか。

L'héroïne a gagné contre les
méchants.

ヒロインは悪役に打ち勝ちました。

méchant(-e)：男女 悪者

Quel est ton roman préféré ?

君の好きな小説は何？

Il y a souvent beaucoup
d'œuvres d'art dans les églises.

教会にはたくさんの美術作品が置いてあることがよくあります。

Quel est le titre de ce tableau ?

その絵のタイトルは何ですか。

Cette série télévisée est
amusante.

この連続もののテレビドラマはおもしろいです。

télévisé(-e)：形 テレビで放送される

Ils jouent aux jeux vidéo.

彼らはテレビゲームをしています。

jeu vidéo：男 テレビゲーム

153

se baigner
[sə beɲe]
ス ベニェ

動 水遊びをする

être

battre*
[batr]
バトゥル

動 ～を殴る，（スポーツで相手を）打ち負かす

je	bats	nous	battons
tu	bats	vous	battez
il/elle	bat	ils/elles	battent

la **flûte**
[flyt]
フリュトゥ

flute とも書く。

女 フルート，笛

pl. les flûtes

🎧 社会・政治・経済
29 la **civilisation**
[sivilizasjɔ̃]
スィヴィリザスィヨン

女 文明

pl. les civilisations

la **culture**
[kyltyr]
キュルテュル

女 文化

pl. les cultures

historique
[istɔrik]
イストリク

形 歴史の，歴史的な

social/sociale
[sɔsjal sɔsjal]
ソスィヤル ソスィヤル

形 社会の，社会的な

pl. では sociaux/sociales

Mes amis se baignent dans la mer.

友人たちは海水浴をしています。

L'équipe de France a battu l'Italie.

フランスチームはイタリアに勝ちました。

Les élèves de cette école ont des cours de flûte.

この学校の生徒はフルートの授業を受講しています。

Aujourd'hui, j'ai un cours de civilisation chinoise.

今日，私は中国文明の授業があります。

Les cultures africaines sont intéressantes.

アフリカ文化は興味深いです。

C'est un bâtiment historique que tu dois visiter.

それは君が訪れるべき歴史的な建築物だ。

Il y a encore un mouvement social important en France.

フランスにはいまだ重要な社会的運動があります。

la **société**
[sɔsjete]
ソスィエテ

女 社会，会社

pl. les sociétés

le **système**
[sistɛm]
スィステム

男 システム，体系，制度

pl. les systèmes

**international /
internationale**
[ɛ̃tɛrnasjɔnal ɛ̃tɛrnasjɔnal]
アンテルナスィヨナル　アンテルナスィヨナル

形 国際的な

pl. では internationaux/internationales

national / nationale
[nasjɔnal nasjɔnal]
ナスィヨナル　ナスィヨナル

形 国の，国民の

pl. では nationaux/nationales

la **nation**
[nasjɔ̃]
ナスィヨン

女 国，国民

pl. les nations

le **roi**
[rwa]
ルワ

男 国王

pl. les rois

le **peuple**
[pœpl]
ププル

男 国民，民族，民衆

pl. les peuples

Notre société est compliquée.　　私たちの社会は複雑です。

Le système économique est en　　経済システムは苦境に陥っ
difficulté.　　　　　　　　　　　　ています。

Elle étudie la politique　　　　　彼女は 1950 年におけるフ
internationale de la France en　　ランスの国際政治を勉強し
1950.　　　　　　　　　　　　　　ています。

La Marseillaise est l'hymne　　　「ラ・マルセイエーズ」はフ
national de la France.　　　　　　ランスの国歌です。

> hymne：男 讃歌

L'ONU, c'est l'Organisation des　　ONU（＝国際連合）は，
Nations Unies.　　　　　　　　　　"Organisation des Nations
　　　　　　　　　　　　　　　　　Unies" のことです。

> uni(-e)：形 連合した

Louis XIV est devenu roi de　　　ルイ 14 世は 5 歳でフランス
France à l'âge de cinq ans.　　　の王になりました。

Les Olmèques sont un peuple　　　オルメカ人はメキシコの古
ancien du Mexique.　　　　　　　代民族です。

> Olmèque：男女 オルメカ人

le **citoyen**/ la **citoyenne** [sitwajɛ̃ sitwajɛn] スィトゥワイヤン スィトゥワイエヌ	男 女 市民，国民 *pl.* les citoyens/citoyennes
la **nationalité** [nasjɔnalite] ナスィヨナリテ	女 国籍 *pl.* les nationalités
la **république** [repyblik] レピュブリク	女 共和国，共和制 *pl.* les républiques
le **gouvernement** [guvɛrnəmɑ̃] グヴェルヌマン	男 政府 *pl.* les gouvernements
la **politique** [pɔlitik] ポリティク	女 政治 *pl.* les politiques
politique [pɔlitik] ポリティク	形 政治の
l' **assemblée** [asɑ̃ble] アサンブレ 定冠詞と一緒に発音すると [lasɑ̃ble] ラサンブレ	女 議会 会議 *pl.* les assemblées

Les citoyens ne sont pas contents de la décision du gouvernement.

市民は政府の決定に不満です。

Quelle est la nationalité de cet acteur ?

この俳優の国籍はどこですか。

Il est président de la République de Madagascar.

彼はマダガスカル共和国の大統領です。

Ma mère travaille pour le gouvernement.

母は政府のために働いています。

La politique est un sujet intéressant à étudier.

政治は勉強するのに興味深いテーマです。

Il est venu habiter ici pour des raisons politiques.

彼は政治的な理由でここに住み始めました。

Un député a prononcé un discours à l'Assemblée nationale.

ある代議士が国会で演説しました。

députe(-e)：男女 代議士

Assemblée nationale：女 国会

le	**ministre** /	男 女 大臣
la	**ministre**	
	[ministr ministr]	*pl.* les ministres
	ミニストゥル ミニストゥル	

l' **économie**	女 経済
[ekɔnɔmi] エコノミ	経済学
定冠詞と一緒に発音すると [lekɔnɔmi] レコノミ	*pl.* les économies

| **économique** | 形 経済の |
| [ekɔnɔmik] エコノミク | |

| la | **pension** | 女 年金, 手当て |
| | [pɑ̃sjɔ̃] パンスィヨン | *pl.* les pensions |

| la | **grève** | 女 ストライキ |
| | [grɛv] グレヴ | *pl.* les grèves |

30 | la | **loi** | 女 法律 |
| | [lwa] ルワ | *pl.* les lois |

| la | **règle** | 女 規則, ルール |
| | [rɛgl] レグル | *pl.* les règles |

Le Premier ministre va faire un discours télévisé dans quelques minutes.

首相が数分後にテレビで演説をします。

L'économie est en danger.

経済は危機に瀕しています。

La situation économique de cette région s'est améliorée.

この地域の経済状況は改善されました。

Ma grand-mère reçoit une pension de l'État.

祖母は国から年金をもらっています。

Les employés de la pharmacie font grève.

薬局の従業員はストライキをしています。

Ce projet de loi va être voté.

この法案は可決されるでしょう。

voter : 動 ～を可決する

Quelles sont les règles du jeu ?

ゲームのルールは何ですか。

obéir*
[ɔbeir]
オベイル

🔲 [à 〜] 〜に従う

j'	obéis	nous	obéissons
tu	obéis	vous	obéissez
il/elle	obéit	ils/elles	obéissent

obliger*
[ɔbliʒe]
オブリジェ

🔲 〜を強制する

obliger A à ＋動詞の原形／名詞:
A に〜 (すること) を強制する

j'	oblige	nous	obligeons
tu	obliges	vous	obligez
il/elle	oblige	ils/elles	obligent

obligé / obligée
[ɔbliʒe ɔbliʒe]
オブリジェ　オブリジェ

🔲 [de 〜] 〜を余儀なくされた

interdit / interdite
[ɛ̃tɛrdi ɛ̃tɛrdit]
アンテルディ　アンテルディトゥ

🔲 禁じられた

interdire*
[ɛ̃tɛrdir]
アンテルディル

🔲 〜を禁止する

j'	interdis	nous	interdisons
tu	interdis	vous	interdisez
il/elle	interdit	ils/elles	interdisent

la permission
[pɛrmisjɔ̃]
ペルミスィヨン

🔲 許可

🔲 les permissions

permettre*
[pɛrmɛtr]
ペルメトゥル

🔲 [de ＋動詞の原形] 〜すること
を許す，認める

je	permets	nous	permettons
tu	permets	vous	permettez
il/elle	permet	ils/elles	permettent

Le chien n'**obéit** pas toujours à son maître.

犬はいつも飼い主に従うわけではありません。

L'entraîneur m'a **obligé** à me reposer.

コーチは私に体を休めることを強制しました。

entraîneur(entraineur)/entraîneuse(entraineuse)：**男女** コーチ

À cause de la tempête, je suis **obligé** de travailler chez moi.

嵐のせいで自宅で仕事をしなければなりません。

Cette route est **interdite** aux camions.

この道はトラックは禁止です。

Le médecin lui **interdit** de fumer.

医者は彼にタバコを禁じています。

J'ai obtenu la **permission** d'entrer dans ce monument historique.

私はその歴史的建造物の中に入る許可を得ました。

Elle leur a **permis** d'aller à Paris ce week-end.

彼女は彼らに今週末パリに行くことを許可しました。

le **permis**	男 認可証，運転免許証
[pɛrmi]	
ペルミ	*pl.* les permis

31 le **dieu**	男 神
[djø]	
ディユ	*pl.* les dieux

la déesse : 女 女神

la **religion**	女 宗教
[rəliʒjɔ̃]	
ルリジヨン	*pl.* les religions

religieux / religieuse	形 宗教の，信心深い
[rəliʒjø rəliʒjøz]	
ルリジユ ルリジユズ	

32 la **géographie**	女 地理
[ʒeɔgrafi]	
ジェオグラフィ	*pl.* les géographies

le **climat**	男 気候，風土
[klima]	
クリマ	*pl.* les climats

le **paysage**	男 風景，景色
[peizaʒ]	
ペイザジュ	*pl.* les paysages

Tu as un permis international ? 国際免許持ってる？

Mars est le dieu de la guerre. マルスは戦の神です。

Mars：圃マルス（ローマ神話における神の一人）

Il existe beaucoup de religions différentes dans le monde. 世界にはたくさんの異なる宗教が存在します。

Mon oncle est quelqu'un de très religieux. おじはとても信心深い人です。

quelqu'un de + 形容詞：～な誰か，誰か～な人

Connaître la géographie d'un pays est utile pour voyager. ある国の地理を知ることは，その国を旅行するのに役立ちます。

Est-ce que le climat de ce pays est sec ? この国の気候は乾燥していますか。

J'aime regarder les paysages quand je voyage en train. 電車で旅行しているときに景色を見るのが好きです。

la **côte**	女 海岸，[複数形で] 海岸地方
[kot]	*pl.* les côtes
コトゥ	

l'**île**	女 島
[il]	*pl.* les îles
イル	ileとも書く。
定冠詞と一緒に発音すると[lil] リル	

la **colline**	女 丘
[kɔlin]	*pl.* les collines
コリヌ	

le **terrain**	男 土地
[terɛ̃]	〜場
テラン	*pl.* les terrains

le **champ**	男 畑，農地
[ʃɑ̃]	*pl.* les champs
シャン	

cultiver	動 〜を耕す，栽培する
[kyltive]	
キュルティヴェ	

brûler	動 〜を焼く，燃やす
[bryle]	
プリュレ	brulerとも書く。

Il fait froid sur la côte à cause du vent du nord.

北風のせいで海岸は寒いです。

Bornéo est une grande île tropicale en Asie du Sud-Est.

ボルネオは東南アジアで大きな熱帯の島です。

tropical(-e)：彫 熱帯の

J'ai vu une vache sur la colline cet après-midi.

今日の午後，丘で乳牛を1頭見ました。

Le terrain est plat dans cette région.

この地域の土地は平らです。

Ils jouent sur le terrain de football.

彼らはサッカー場で遊んでいます。

C'est un très grand champ de carottes.

とても大きなニンジン畑ですね。

Je cultive des tomates dans mon jardin.

庭でトマトを育てています。

Pour préparer le dîner, ils ont commencé à brûler du bois à côté de leur tente.

夕食を準備するために，彼らはテントの側で薪を燃やし始めました。

bois：男 薪　tente：女 テント

167

la **forêt** [fɔrɛ] フォレ	女 森，林 *pl.* les forêts
l'**herbe** [ɛrb] エルブ 定冠詞と一緒に発音すると [lɛrb] レルブ	女 草，雑草 *pl.* les herbes
la **feuille** [fœj] フィユ	女 葉 （1枚の）紙 *pl.* les feuilles
le **lac** [lak] ラク	男 湖 *pl.* les lacs
le **fleuve** [flœv] フルヴ	男 （海に注ぐ大きな）川 *pl.* les fleuves
couler [kule] クレ	動 流れる
la **météo** [meteo] メテオ	女 天気予報

Je vais me promener dans la forêt de temps en temps.

ときどき森に散歩しに行きます。

L'herbe est plus verte ailleurs.

隣の芝生は青く見える（ことわざ）。

直訳：よその草はより緑だ。

Les feuilles changent de couleur en automne.

葉は秋に色を変えます。

Ce lac est immense.

この湖は巨大です。

immense：形 広大な

Ils marchent ensemble le long du fleuve tous les soirs.

彼らは毎晩川に沿って一緒に歩いています。

le long de ～：～に沿って

La rivière coule lentement.

この川は流れが遅いです。

À la météo, ils ont annoncé de la neige en soirée.

天気予報では，夜に雪が降ると報じられています。

ils：ある会社や組織に属する人たちを漠然と指す。

l'**orage**
[ɔraʒ]
オラジュ

定冠詞と一緒に
発音すると
[lɔraʒ]
ロラジュ

男 雷雨

pl. les orages

---

la **tempête**
[tãpɛt]
タンペトゥ

女 嵐

pl. les tempêtes

---

briller
[brije]
ブリエ

動 輝く

---

la **lumière**
[lymjɛr]
リュミエル

女 光，照明

pl. les lumières

---

l'**ombre**
[ɔ̃br]
オンブル

定冠詞と一緒に
発音すると
[lɔ̃br]
ロンブル

女 陰，日陰

pl. les ombres

---

la **bête**
[bɛt]
ベトゥ

女 動物，獣

pl. les bêtes

---

sauvage
[sovaʒ]
ソヴァジュ

形 野生の

Mon chien a très peur des orages et il va se cacher sous mon lit à chaque fois.

私の犬は雷雨が怖く，毎回私のベッドの下に隠れます。

se cacher : ⑩ 隠れる

Il va y avoir une tempête de neige demain.

明日は吹雪になるでしょう。

Les étoiles brillent dans le ciel.

空に星が輝いています。

J'ai entendu dire qu'on voit de la lumière au bout d'un tunnel juste avant de mourir.

死ぬ前，人はトンネルの先の光を見ると聞いたことがあります。

entendre dire que ～ : ～という話を聞く

Maman lit un journal à l'ombre d'un arbre.

ママは木の木陰で新聞を読んでいます。

Il y a des bêtes sauvages au zoo.

動物園には野生動物がいます。

Je vais souvent dans la forêt observer des fleurs sauvages.

私は野生の花を観察しによく森に行きます。

observer : ⑩ ～を観察する

171

33 l' **énergie**

[enɛrʒi]
エネルジ

定冠詞と一緒に
発音すると
[lenɛrʒi]
レネルジ

女 エネルギー，力，気力

pl. les énergies

---

l' **électricité**

[elɛktrisite]
エレクトゥリスィテ

定冠詞と一緒に
発音すると
[lelɛktrisite]
レレクトゥリスィテ

女 電気

pl. les électricités

---

le **courant**

[kurɑ̃]
クラン

男 流れ，電流
風潮

pl. les courants

---

le **gaz**

[gɑz]
ガズ

男 ガス

pl. les gaz

---

le **pétrole**

[petrɔl]
ペトゥロル

男 石油

pl. les pétroles

---

34 l' **industrie**

[ɛ̃dystri]
アンデュストゥリ

定冠詞と一緒に
発音すると
[lɛ̃dystri]
ランデュストゥリ

女 産業，工業

pl. les industries

---

l' **agriculture**

[agrikyltyr]
アグリキュルテュル

定冠詞と一緒に
発音すると
[lagrikyltyr]
ラグリキュルテュル

女 農業

pl. les agricultures

Mes élèves ont trop d'énergie.

私の生徒たちはエネルギーがあり余っています。

Cette moto marche à l'électricité.

このバイクは電気で動きます。

À cause du courant d'air, il fait froid dans la maison.

すきま風のせいで，家の中が寒いです。

courant d'air：男 室内を通るすきま風

CO2, c'est du gaz carbonique.

CO_2 は炭酸ガスです。

carbonique：形 炭酸の

Le plastique est fait avec du pétrole.

プラスティックは石油でできています。

plastique：男 プラスティック

L'industrie automobile était importante au Japon.

日本で自動車産業は重要でした。

automobile：形 自動車の

L'agriculture biologique est en plein boom.

有機農業は流行の真っただ中です。

biologique：形 有機の　boom：男 ブーム

en plein(-e) ＋無冠詞名詞：～の真っただ中で

l' **entreprise**

[ɑ̃trəpriz]
アントゥルプリズ

定冠詞と一緒に
発音すると
[lɑ̃trəpriz]
ラントゥルプリズ

女 企業

pl. les entreprises

---

l' **usine**

[yzin]
ユズィヌ

定冠詞と一緒に
発音すると
[lyzin]
リュズィヌ

女 工場

pl. les usines

---

la **machine**

[maʃin]
マシヌ

女 機械

pl. les machines

---

produire*

[prɔdɥir]
プロデュイル

動 〜を生産する

je	produis	nous	produisons
tu	produis	vous	produisez
il/elle	produit	ils/elles	produisent

 物質・素材

35

la **matière**

[matjɛr]
マティエル

女 物質, 素材
　　教科

pl. les matières

---

le **fer**

[fɛr]
フェル

男 鉄

pl. les fers

---

l' **or**

[ɔr]
オル

定冠詞と一緒に
発音すると
[lɔr]
ロル

男 金

pl. les ors

 l'argent : **男** 銀

L'entreprise a beaucoup de clients en ce moment.

その企業は現在たくさんの顧客を抱えています。

J'aimerais visiter une usine de jouets un jour.

いつかおもちゃ工場を見学してみたいです。

un jour : いつか

J'ai offert une machine pour faire du pain à mon petit frère en cadeau d'anniversaire.

誕生日プレゼントに弟にパン焼き器を贈りました。

Cette région produit des vins de toutes sortes.

この地方はあらゆる種類のワインを生産しています。

En quelle matière cette boîte est-elle faite ?

この箱はどんな素材でできているのですか。

La porte du château est en fer.

城の門は鉄製です。

Ils ont trouvé des pièces d'or dans cette vieille maison.

彼らはあの古い家で金貨を見つけました。

| la **pierre** | 女 石 |
| [pjɛr] ピエル | *pl.* les pierres |

| le **tissu** | 男 布地，織物 |
| [tisy] ティスュ | *pl.* les tissus |

| le **cuir** | 男 革，レザー |
| [kɥir] キュイル | *pl.* les cuirs |

種類・形状・質

36 l'**espèce** 女 種類

[ɛspɛs] エスペス 定冠詞と一緒に 発音すると [lɛspɛs] レスペス

pl. les espèces

| la **sorte** | 女 種類 |
| [sɔrt] ソルトゥ | *pl.* les sortes |

| le **type** | 男 型，タイプ |
| [tip] ティプ | *pl.* les types |

| le **modèle** | 男 型，商品 |
| [mɔdɛl] モデル | *pl.* les modèles |

Je vois les garçons lancer des pierres dans la rivière.

少年たちが川に石を投げているのが見えます。

Le tissu de ce pantalon est vraiment doux.

このズボンの生地は本当に柔らかいです。

Quelqu'un a oublié cette ceinture en cuir.

誰かがこの革のベルトを忘れました。

Il existe plusieurs espèces d'ours au Canada.

カナダには数種類の熊がいます。

Quelle sorte de gâteau tu préfères ?

どんな種類のケーキが好き？

Quel type de moto as-tu ?

どんなタイプのバイクを持っているの？

J'adore ce nouveau modèle de bicyclette.

自転車のこの新しいモデルが大好きです。

la **forme** [fɔrm] フォルム	**女** 形，形式 **pl.** les formes
plat / plate [pla plat] プラ プラトゥ	**形** 平らな
énorme [enɔrm] エノルム	**形** 巨大な，ばく大な，並外れた
divers / diverse [divɛr divɛrs] ディヴェル ディヴェルス	**形** いろいろの
la **ligne** [liɲ] リニュ	**女** 線，線路 **pl.** les lignes
la **qualité** [kalite] キャリテ	**女** 質，質のよさ **pl.** les qualités la quantité：**女** 量
la **valeur** [valœr] ヴァルル	**女** 価値 **pl.** les valeurs

Ce motif est en forme de fleur.

この模様は花の形をしています。

motif：男 模様

J'ai besoin d'une assiette à fond plat.

底が平らな皿が必要です。

Regarde cet arbre. Il est énorme !

あの木を見て，巨大だね！

Ils vendent divers articles dans ce magasin.

このお店では様々な商品を売っています。

Cet élève dessine des lignes droites sur le tableau noir.

その生徒は黒板に直線を引いています。

Ce n'est pas du tout un ordinateur de qualité.

それはまったく高性能のパソコンではありません。

de qualité：上質の

Quelle est la valeur de ce bâtiment ?

このビルの価値はいくらですか。

valoir*
[valwar]
ヴァルワル

動 ～の価値がある

je	vaux	nous	valons
tu	vaux	vous	valez
il/elle	vaut	ils/elles	valent

品物・日用品

37 le **produit**
[prɔdɥi]
プロデュイ

男 生産物，製品

pl. les produits

---

l'**objet**
[ɔbʒɛ]
オブジェ

定冠詞と一緒に
発音すると
[lɔbʒɛ]
ロブジェ

男 物，品物

pl. les objets

---

la **caisse**
[kɛs]
ケス

女 箱
　　レジ

pl. les caisses

---

les **ciseaux**
[sizo]
スィゾ

複男 ハサミ

普通，複数形で用いる。

---

le **bouton**
[butɔ̃]
ブトン

男 ボタン，スイッチ

pl. les boutons

---

l'**appareil**
[aparɛj]
アパレイユ

定冠詞と一緒に
発音すると
[laparɛj]
ラパレイユ

男 器具，装置

pl. les appareils

180

Ce sac vaut très cher.

このカバンはとても高いです。

Est-ce qu'ils vendent des produits ménagers dans ce magasin ?

このお店には家事用品は売っていますか。

C'est un objet qui sert à quoi ?

これは何に使うものですか。

La caisse est pleine de livres.

箱は本でいっぱいです。

Je ne laisse pas encore mon fils utiliser des ciseaux.

私はまだ息子にハサミを使わせません。

J'ai perdu un bouton de mon manteau.

コートのボタンをなくしました。

Le vieil appareil photo de mon oncle ne marche plus.

私のおじの古いカメラはもう動きません。

la **gomme**	女 ゴム，消しゴム
[gɔm]	
ゴム	*pl.* les gommes

le **savon**	男 せっけん
[savɔ̃]	
サヴォン	*pl.* les savons

38 le **costume**	男 （男性用）スーツ
[kɔstym]	
コステュム	*pl.* les costumes

le **gant**	男 手袋
[gɑ̃]	
ガン	*pl.* les gants

le **mouchoir**	男 ハンカチ
[muʃwar]	
ムシュワル	*pl.* les mouchoirs

la **poche**	女 ポケット
[pɔʃ]	
ポシュ	*pl.* les poches

la **cigarette**	女 紙巻タバコ
[sigarɛt]	
スィギャレトゥ	*pl.* les cigarettes

182

Pendant l'examen, j'ai remarqué que je n'avais pas de gomme.

試験中，消しゴムがないことに気がつきました。

Il faut toujours se laver les mains avec du savon.

常にせっけんで手を洗わなければいけません。

Il porte un costume gris.

彼はグレーのスーツを着ています。

J'ai perdu un gant dans le métro.

地下鉄で手袋をなくしました。

Mon mouchoir préféré est bleu et très doux.

私のお気に入りのハンカチは青くてとても柔らかいです。

La clé est dans la poche de mon pantalon.

カギは私のズボンのポケットの中です。

Fumer des cigarettes est mauvais pour la santé.

タバコを吸うことは健康に悪いです。

le **tabac**
[taba]
タバ

男 タバコ，タバコ屋

pl. les tabacs

le **parfum**
[parfœ̃]
パルファン

男 香り，香水

pl. les parfums

le **bijou**
[biʒu]
ビジュ

男 宝石，アクセサリー

pl. les bijoux

🎧 妨害・闘争・犯罪
39 **déranger***
[derɑ̃ʒe]
デランジェ

動 ～の邪魔をする，～に迷惑をか
ける

je	dérange	nous	dérangeons
tu	déranges	vous	dérangez
il/elle	dérange	ils/elles	dérangent

empêcher
[ɑ̃peʃe]
アンペシェ

動 ～を妨げる，～の邪魔をする

se battre*
[sə batr]
ス バトゥル

動 戦う，争う，けんかする

je	me bats	nous	nous battons
tu	te bats	vous	vous battez
il/elle	se bat	ils/elles	se battent

être

lutter
[lyte]
リュテ

動 [contre ～] ～と戦う

Pardon, il y a un **tabac** près d'ici ?

すみません，この近くにタバコ屋はありますか。

Je crois que ce **parfum** va plaire à beaucoup de clients.

この香水はたくさんの客が気に入ると私は思います。

Ce **bijou** est très élégant.

この宝石はとてもエレガントです。

Désolé de vous **déranger** alors que vous êtes occupé.

お忙しいのにお邪魔してすみません。

alors que 〜：〜であるのに

Cette voiture **empêche** les gens de passer.

その車は人々の通行を遮っています。

Deux ours **se battent** au milieu du chemin.

2頭の熊が道の真ん中でけんかしています。

Les pompiers ont **lutté** contre le feu pendant très longtemps.

消防士たちはとても長い間火事と戦いました。

pompier：團消防士

185

la **violence**	囡 暴力，[複数形で] 暴行
[vjɔlɑ̃s]	*pl.* les violences
ヴィヨランス	

l'**arme**	囡 武器，兵器
[arm] 定冠詞と一緒に	*pl.* les armes
アルム 発音すると	
[larm]	
ラルム	

la **guerre**	囡 戦争
[gɛr]	*pl.* les guerres
ゲル	

tuer	働 ～を殺す，死なせる
[tɥe]	
テュエ	

le **crime**	男 犯罪
[krim]	*pl.* les crimes
クリム	

voler	働 ～を盗む
[vɔle]	
ヴォレ	

le **voleur/**	男 囡 泥棒
la **voleuse**	*pl.* les voleurs/voleuses
[vɔlœr vɔløz]	
ヴォルル ヴォルズ	

186

Il y a beaucoup de violence dans ce film.

この映画にはたくさんの暴力描写があります。

L'arme a été retrouvée sur les lieux du crime.

犯行現場で凶器が見つかりました。

La guerre est à éviter à tout prix.

戦争は何としても避けるべきです。

à tout prix：何としても

Dans ce roman, le journaliste tue le petit frère du héros.

この小説の話の中で記者が主人公の弟を殺しました。

L'homme a commis un crime.

その男性は犯罪を犯しました。

commettre：⑩（犯罪や過ち）を犯す

Quelqu'un a volé ma moto !

誰かが私のバイクを盗みました！

Les voleurs ont été arrêtés par la police.

泥棒は警察に逮捕されました。

arrêter：⑩ 〜を逮捕する

le **témoin**	男 目撃者，証人
[temwɛ̃]	
テムワン	*pl.* les témoins

la **défense**	女 防衛，禁止
[defɑ̃s]	
デファンス	*pl.* les défenses

défendre＊	動 ～を守る，禁止する
[defɑ̃dr]	抵抗や攻撃といった手段で防衛すること。
デファンドゥル	

	je défends	nous défendons
	tu défends	vous défendez
	il/elle défend	ils/elles défendent

protéger＊	動 ～を守る，保護する
[prɔteʒe]	危険に晒されないように保護すること。
プロテジェ	

	je protège	nous protégeons
	tu protèges	vous protégez
	il/elle protège	ils/elles protègent

la **protection**	女 保護
[prɔtɛksjɔ̃]	
プロテクスィヨン	*pl.* les protections

la **garde**	女 監視，保管
[gard]	
ギャルドゥ	*pl.* les gardes

sauver	動 ～を救う
[sove]	
ソヴェ	

188

Le journaliste a parlé à plusieurs témoins.

記者は何人もの証人と話しました。

Le gouvernement a augmenté le budget de la défense.

政府は防衛の予算を増やしました。

«Défense de fumer»

禁煙

Le loup défend son territoire.

オオカミは自分の縄張りを守っています。

territoire：男 領土，テリトリー

L'oiseau protège son nid.

鳥が自分の巣を守っています。

nid：男 巣

C'est un projet de protection des animaux en danger.

これは危機に瀕している動物の保護プロジェクトです。

Le chien monte la garde devant la maison.

犬は家の前で番をしています。

monter la garde：番をする

Le médecin a sauvé la vie de ma grand-mère.

医者は祖母の命を救ってくれました。

| **aider**
[ede]
エデ | **動** （人）を助ける |

| **s'occuper**
[sɔkype]
ソキュペ | **動** [de 〜] 〜の世話をする, 〜（することを引き受ける
être |

| le **soin**
[swɛ̃]
スワン | **男** 世話, 手当
pl. les soins |

| **soutenir***
[sutnir]
ストゥニル | **動** 〜を支える, 支援する |

je	soutiens	nous	soutenons
tu	soutiens	vous	soutenez
il/elle	soutient	ils/elles	soutiennent

評価・判断

| **merveilleux /**
merveilleuse
[mɛrvejø mɛrvejøz]
メルヴェイユ メルヴェイユズ | **形** すばらしい |

| **magnifique**
[maɲifik]
マニフィク | **形** すばらしい |

| **charmant / charmante**
[ʃarmɑ̃ ʃarmɑ̃t]
シャルマン シャルマントゥ | **形** 魅力的な, すてきな |

Il aide sa mère à faire le ménage.

彼は母が家事をするのを手伝います。

Mon grand frère s'occupe de l'oiseau de la voisine pendant qu'elle est en vacances.

兄は隣人がバカンスに行っている間，彼女の鳥の世話をしています。

Ce chien a besoin de beaucoup de soins.

この犬にはたくさんの世話が必要です。

Ses parents l'ont soutenu financièrement quand il était à l'université.

彼の両親は彼が大学に通っているとき，彼を経済面で支援しました。

financièrement：剾 金銭的に

Tu as beaucoup de chance d'avoir une petite amie aussi merveilleuse.

あんなすばらしい彼女がいるなんて君はとてもついているね。

aussi：剾 そんなに

La lune est magnifique ce soir !

今夜は月が見事だ！

Cette ville est tout à fait charmante.

この町はまさに魅力的です。

élégant / élégante
[elegã elegãt]
エレガン　エレガントゥ

形 上品な，優雅な

mignon / mignonne
[miɲɔ̃ miɲɔn]
ミニョン　ミニョヌ

形 かわいらしい

convenir*
[kɔ̃vnir]
コンヴニル

動 [à ～]～に都合がよい, ふさわしい

je	conviens	nous	convenons
tu	conviens	vous	convenez
il/elle	convient	ils/elles	conviennent

convenable
[kɔ̃vnabl]
コンヴナブル

形 適当な，満足すべき

confortable
[kɔ̃fɔrtabl]
コンフォルタブル

形 快適な

⇔ inconfortable：形 快適でない

pis
[pi]
ピ

副 より悪く

mal の比較級

tant pis「仕方がない」の形でよく使われる。

pire
[pir]
ピル

形 より悪い，最悪の

mauvais の比較級, 最上級

192

Cette danseuse est très élégante.	あのダンサーはとてもエレガント です。
Oh ! Cet oiseau est tellement mignon !	お！ あの鳥とてもかわいいね！
Cette voiture convient à ton budget, non ?	この車なら君の予算に合っているんじゃない？
Cette tenue n'est pas convenable.	この服装は適当ではありません。

tenue：女 服装

Cette chaise est vraiment confortable.	このいすは本当に快適です。
Eh bien, tant pis pour lui !	そうですね，彼には残念ですが仕方がありません。
La situation est pire que je ne pensais.	状況は思っていたより悪いです。

bizarre
[bizɑr]
ビザル

⑮ 奇妙な，変わった

---

inutile
[inytil]
イニュティル

⑮ 役に立たない，むだな

⇔ utile：⑮ 役に立つ

---

pratique
[pratik]
プラティク

⑮ 実用的な，便利な

---

correct / correcte
[kɔrɛkt kɔrɛkt]
コレクトゥ　コレクトゥ

⑮ 正しい，正確な

---

précis / précise
[presi presiz]
プレスィ　プレスィズ

⑮ 正確な

---

exact / exacte
[ɛgzakt ɛgzakt]
エグザクトゥ　エグザクトゥ

⑮ 正確な

---

normal / normale
[nɔrmal nɔrmal]
ノルマル　ノルマル

⑮ 正常の，当然の

pl. では normaux/normales

Cet homme est vraiment bizarre.

この男性はとても変わっています。

Il est inutile de faire ça maintenant.

今それをしても無駄です。

Ce couteau est vraiment pratique pour faire la cuisine.

このナイフは料理にとても便利です。

Est-ce que les données sont correctes ?

データは正確ですか。

donnée：女 データ

Connais-tu la date précise du concert ?

コンサートの正確な日にちを知ってる？

Le prix est exact.

値段は正しいです。

C'est normal d'être fatigué après une longue journée de travail.

長い仕事の1日が終わったあと，疲れるのは当然です。

naturellement
[natyrɛlmɑ̃]
ナテュレルマン

副 当然，自然に

logique
[lɔʒik]
ロジク

形 論理的な，当然の

la **différence**
[diferɑ̃s]
ディフェランス

女 違い，差

pl. les différences

évident / évidente
[evidɑ̃ evidɑ̃t]
エヴィダン　エヴィダントゥ

形 明らかな

évidemment
[evidamɑ̃]
エヴィダマン

副 明らかに

certainement
[sɛrtɛnmɑ̃]
セルテヌマン

副 確かに，もちろん

certain(-e)：形 確かな，確信した

absolument
[apsɔlymɑ̃]
アプソリュマン

副 絶対に，まったく

196

Il est allergique au lait, alors, naturellement, il a commandé un plat qui n'en contient pas.

彼はミルクアレルギーなので、当然のことながらミルクが入っていない料理を注文しました。

allergique à 〜：彫 〜にアレルギーを起こす

contenir：動 〜を含む

L'explication proposée est très logique.

提示された説明はとても論理的です。

La différence d'âge entre les deux acteurs est très grande.

その二人の俳優の年齢の違いはとても大きいです。

La cause de l'accident est évidente.

事故の原因は明らかです。

Ce tableau est évidemment un faux.

その絵は明らかに偽物です。

C'est certainement vrai.

それは確かに真実です。

C'est absolument impossible.

それは絶対に無理です。

197

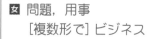
42 **l'affaire**

[afɛr]
アフェル

定冠詞と一緒に
発音すると
[lafɛr]
ラフェル

女 問題，用事
[複数形で] ビジネス

pl. les affaires

---

se passer

[sə pɑse]
ス パセ

動 (出来事，事件などが) 起きる，
発生する

être

---

causer

[koze]
コゼ

動 ～を引き起こす，～の原因となる

---

s'agir*

[saʒir]
サジル

動 [Il s'agit de ＋名詞] ～に関する
ことである

être

活用は il s'agit のみ。

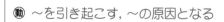

---

l'essentiel

[esɑ̃sjɛl]
エサンスィエル

定冠詞と一緒に
発音すると
[lesɑ̃sjɛl]
レサンスィエル

男 重要なこと，要点

pl. les essentiels

---

l'importance

[ɛ̃pɔrtɑ̃s]
アンポルタンス

定冠詞と一緒に
発音すると
[lɛ̃pɔrtɑ̃s]
ランポルタンス

女 重要性

pl. les importances

---

le **risque**

[risk]
リスク

男 危険，おそれ

pl. les risques

L'affaire est maintenant réglée.

問題はこれで解決しました。

Qu'est-ce qui se passe ?

何が起こっているのですか。

La pluie a causé des accidents de la route.

雨が自動車事故を引き起こしました。

Regarde cette annonce; il s'agit de sa démission.

この告知を見てよ。彼（女）の辞職に関することだ。

> démission：**囡** 辞職

L'essentiel est de participer.

大事なことは参加することです。

> de ＋【動詞の原形】：（主語や属詞，動詞の目的語などとして使われて）〜すること

L'importance de l'éducation est indéniable.

教育の重要性は否定できません。

> indéniable：**彫** 否定できない

Ce n'est pas une bonne idée, le risque est trop grand.

それはよいアイデアではないね。リスクが大きすぎる。

| la **base** | **女** 基礎，土台 |
| [bɑz] バズ | **pl.** les bases |

l' **exemple**
[ɛgzɑ̃pl]
エグザンプル
 定冠詞と一緒に
発音すると
[lɛgzɑ̃pl]
レグザンプル

男 例

pl. les exemples

le **cas**
[ka]
キャ

男 場合，ケース

pl. les cas

la **conclusion**
[kɔ̃klyzjɔ̃]
コンクリュズィヨン

女 結論，結末

pl. les conclusions

le **résultat**
[rezylta]
レズュルタ

男 結果，成績

pl. les résultats

la **conséquence**
[kɔ̃sekɑ̃s]
コンセカンス

女 結果，影響

pl. les conséquences

l' **effet**
[efɛ]
エフェ
定冠詞と一緒に
発音すると
[lefɛ]
レフェ

男 効果

pl. les effets

L'eau est la base de la vie sur la terre.

水は地球上の生命の基礎です。

terre：女 地球

C'est un bon exemple de questions à ne pas poser.

それはしてはいけない質問のよい例です。

Dans le cas présent, ce n'est pas possible.

今回のケースでは，それはできません。

La conclusion de ce livre est intéressante.

この本の結末はおもしろいです。

Nous attendons les résultats de la clinique.

私たちは診療所からの結果を待っています。

C'est la conséquence de ses actes.

それは彼の行動の結果です。

Le médicament a eu un effet sur son sommeil.

その薬は彼の睡眠に効果がありました。

---

43 **l' état**
[eta]
エタ

定冠詞と一緒に
発音すると
[leta]
レタ

男 状態
[大文字で] 国家

pl. les états

---

la **situation**
[sityasjɔ̃]
スィテュアスィヨン

女 状況

pl. les situations

---

la **condition**
[kɔ̃disjɔ̃]
コンディスィヨン

女 条件, [複数形で] 状況

pl. les conditions

---

dépendre*
[depɑ̃dr]
デパンドゥル

動 [de ~] ~による, 依存する

je	dépends	nous	dépendons
tu	dépends	vous	dépendez
il/elle	dépend	ils/elles	dépendent

---

responsable
[rɛspɔ̃sabl]
レスポンサブル

形 [de ~] ~に関して責任のある

---

suffire*
[syfir]
スュフィル

動 足りる

Il suffit de＋動詞の原形／名詞：
～で十分である

je	suffis	nous	suffisons
tu	suffis	vous	suffisez
il/elle	suffit	ils/elles	suffisent

---

manquer
[mɑ̃ke]
マンケ

動【自】足りない 【他】～に乗り
遅れる

Il manque ~ : ～が足りない

202

L'état du bâtiment est bon.　その建物の状態はよいです。

Pourrais-tu m'expliquer la situation, s'il te plaît?　状況を説明してくれるかな？

Quelle est la première condition pour rester heureux?　幸せでいるための第一条件は何ですか。

Le prix des légumes dépend de la saison.　野菜の値段は季節によって変わります。

Ma tante était responsable de cet accident.　私のおばがその事故の責任を負っていました。

Une pomme me suffit le matin.　朝，私はりんご1個で十分です。

Cette soupe manque de sel.　このスープには塩が足りません。

supérieur/supérieure

[syperjœr syperjœr]
スュペリユル スュペリユル

形 すぐれた，上の

⇔ inférieur(-e)：形 劣った，下の

l'avantage

[avɑ̃taʒ]
アヴァンタジュ

定冠詞と一緒に
発音すると
[lavɑ̃taʒ]
ラヴァンタジュ

男 有利な点

pl. les avantages

la paix

[pɛ]
ペ

女 平和，和平

pl. les paix

la sécurité

[sekyrite]
セキュリテ

女 安全，安心

pl. les sécurités

la difficulté

[difikylte]
ディフィキュルテ

女 困難

pl. les difficultés

misérable

[mizerabl]
ミゼラブル

形 悲惨な，ひどく貧しい

pressé/pressée

[prese prese]
プレセ プレセ

形 急いでいる

C'est un violon de qualité supérieure.	これは上質なバイオリンです。

Cette personne a l'avantage d'être en bonne santé.	この人には健康であるという利点があります。

La colombe est le symbole de la paix.

ハトは平和の象徴です。

colombe：囡 ハト

Il faut tout d'abord être certain que tout le monde est en sécurité.

まずみんなが安全であることを確認しなければなりません。

en sécurité：安全に

Pour lui, la plus grande difficulté est de trouver du courage.
Il a des difficultés à voir sans lunettes.

彼にとって一番の困難は, 勇気を得ることです。
彼はメガネがないと見えません。

Ils travaillent dans des conditions misérables.	彼らは悲惨な状況で働いています。

Les enfants sont pressés d'aller jouer au parc.

子どもたちは公園に遊びに行こうと急いでいます。

aller jouer：遊びに行く

vivant / vivante
[vivã vivãt]
ヴィヴァン ヴィヴァントゥ

形 生きている，生き生きとした

mort / morte
[mɔr mɔrt]
モル モルトゥ

形 死んだ，枯れた
男 女 死者

pl. les morts/mortes

physique
[fizik]
フィズィク

形 物質の，体の，物理的な

gai / gaie
[ge ge]
ゲ ゲ

形 陽気な，ゆかいな

joyeux / joyeuse
[ʒwajø ʒwajøz]
ジュワイユ ジュワイユズ

形 陽気な，喜ばしい，めでたい

**compliqué /
compliquée**
[kɔ̃plike kɔ̃plike]
コンプリケ コンプリケ

形 複雑な，込み入った

simplement
[sɛ̃pləmã]
サンプルマン

副 簡単に，単に

simple：形 簡単な，単純な

206

Cet homme a été retrouvé vivant après cinq jours perdu en forêt.

その男性は5日間森をさまよったあと，生きて救助されました。

Il y a beaucoup de feuilles mortes dans le jardin.
L'accident d'avion a fait beaucoup de morts.

庭にたくさんの枯れ葉があります。
その飛行機事故は，たくさんの死者を出しました。

Tu devrais commencer une activité physique.

君は運動を始めるべきだ。

Cette robe aux couleurs gaies est parfaite pour l'été.

この明るい色のドレスは夏にぴったりです。

Joyeuses fêtes et bonne année à tous !

皆さんよい休暇を，そしてよいお年を！

La recette de ce gâteau est compliquée.

このケーキのレシピは複雑です。

C'est tout simplement dangereux.

それは単に危険です。

tout：圖 まったく

207

égalememt
[egalmã]
エギャルマン

副 同様に

égal/égale
[egal egal]
エギャル　エギャル

形 等しい，平等の
どうでもいい

pl. では égaux/égales

ressembler
[rəsãble]
ルサンブレ

動 [à ～] ～に似ている

pareil/pareille
[parɛj parɛj]
パレイユ　パレイユ

形 同様の，似た

proche
[prɔʃ]
プロシュ

形 （地理的，時間的に）近い

étroit/étroite
[etrwa etrwat]
エトゥルワ　エトゥルワトゥ

形 狭い

⇔ large：形 幅が広い，大きい

sombre
[sɔ̃br]
ソンブル

形 暗い

⇔ clair(-e)：形 明るい

J'ai également perdu ma valise. 　私はスーツケースも同様に
なくしました。

Tous les hommes naissent égaux. 　全ての人は生まれながらに
平等である。

Ça m'est égal. 　どちらでも構いません。

La fille ressemble beaucoup à sa mère. 　その女の子は彼女の母親に
よく似ています。

Tout a changé ici, ce café n'est plus pareil. 　ここは全てが変わってしま
いました。あのカフェはも
はや前とは同じではありま
せん。

Ma maison est proche de la gare. 　私の家は駅の近くです。

La rue est étroite. 　通りは狭いです。

Il porte une cravate de couleur sombre. 　彼は暗い色のネクタイをし
ています。

le **silence** [silɑ̃s] スィランス	男 沈黙，静けさ *pl.* les silences
tranquille [trɑ̃kil] トゥランキル	形 静かな，安らかな
naturel / naturelle [natyrɛl natyrɛl] ナテュレル ナテュレル	形 自然の
véritable [veritabl] ヴェリタブル	形 本当の，真の
pur / pure [pyr pyr] ピュル ピュル	形 澄んだ，純粋な
mûr / mûre [myr myr] ミュル ミュル mureとも書く。	形 熟した，成熟した
sale [sal] サル	形 汚い，汚れた ⇔ propre：形 清潔な

Il aime travailler dans le silence.　彼は静寂の中で仕事するのが好きです。

C'est un endroit très tranquille.　とても静かな場所ですね。

La couleur naturelle de mes cheveux est noire.　私の髪の自然な色は黒です。

C'est un collier en argent véritable.　これは本物の銀でできたネックレスです。

collier：男 ネックレス

Cette bague est en or pur.　この指輪は純金でできています。

bague：女 指輪

Cette banane est trop mûre.　このバナナ，熟れすぎです。

La salle de bain est sale, il faut la nettoyer.　浴室が汚れています。掃除をしなくては。

solide [solid] ソリドゥ	形 丈夫な，固い
tendre [tãdr] タンドゥル	形 柔らかい，優しい
fragile [fraʒil] フラジル	形 壊れやすい
célèbre [selɛbr] セレブル	形 有名な
secret / secrète [səkrɛ səkrɛt] スクレ スクレトゥ	形 秘密の
le **secret** [səkrɛ] スクレ	男 秘密 *pl.* les secrets
automatique [otɔmatik] オトマティク	形 自動的な，自動式の

C'est une table en bois très solide.	それは木でできたとても頑丈なテーブルです。
Cette viande est très tendre.	この肉はとても柔らかいです。
La vaisselle en verre est fragile.	ガラス製の食器は壊れやすいです。
C'est un acteur très célèbre.	あれはとても有名な俳優です。
Il y a une porte secrète derrière le miroir.	鏡の後ろに秘密のドアがあります。
C'est un secret, il ne faut le dire à personne !	これは秘密です。誰にも言ってはいけませんよ！
C'est une porte automatique.	それは自動ドアです。

capable
[kapabl]
キャパブル

形 可能な

capable de +【動詞の原形】: ～できる

entendu/entendue
[ãtãdy ãtãdy]
アンタンデュ アンタンデュ

形 わかった，承知した

vide
[vid]
ヴィドゥ

形 空の，すいている

⇔ plein(-e)：形 満ちた，満員の

couvert/couverte
[kuvɛr kuvɛrt]
クヴェル クヴェルトゥ

形 [de ～] ～で覆われた，（寒くないように）着込んだ

程度・範囲

44 **doucement**
[dusmã]
ドゥスマン

副 そっと，やさしく

doux/douce：
形 甘い，やさしい，穏やかな

légèrement
[leʒɛrmã]
レジェルマン

副 軽く，わずかに

fort
[fɔr]
フォル

副 強く，とても

fort(-e)：形 強い，得意である

214

Ma femme est capable de jouer de la flûte.

私の妻はフルートを吹けます。

C'est entendu, nous irons au musée demain.

わかりました。明日，美術館に行きましょう。

Mon sac est complètement vide.

私のかばんはまったくの空です。

J'ai le ventre vide.

空腹です。

Je préfère ce gâteau couvert de chocolat.

チョコレートで覆われているこのケーキの方が好きです。

En hiver, restez couverts.

冬の間は寒くないように着込んでください。

Le garçon caresse doucement le dos du cheval.

男の子はやさしく馬の背中を撫でています。

caresser：動 〜を撫でる

La température va légèrement baisser le mois prochain.

気温は来月わずかに下がるでしょう。

température：女 気温

baisser：動 下がる

Ce matin, il a plu très fort.

今朝，激しい雨が降りました。

la **puissance**
[pɥisɑ̃s]
ピュイサンス

女 力，強さ

pl. les puissances

la **hauteur**
[otœr]
オトゥル

h は有声なので，
エリズィオンせず
[la otœr]
ラ オトゥル

女 高さ

pl. les hauteurs
[le otœr]
レ オトゥル

tant
[tɑ̃]
タン

副 とても，それほど

tant de ＋名詞：とても多くの〜

vraiment
[vrɛmɑ̃]
ヴレマン

副 本当に

gravement
[gravmɑ̃]
グラヴマン

副 ひどく，深刻に

terrible
[tɛribl]
テリブル

形 ひどい，恐ろしい

extrêmement
[ɛkstrɛmɑ̃]
エクストゥレムマン

副 非常に，極端に

216

Quelle est la puissance de la mâchoire d'un ours adulte ?

大人の熊のあごの力はどの くらいですか。

mâchoire：女 あご

Nous sommes à quelle hauteur ?

私たちはどのくらいの高さ にいますか。

Il y a tant de pays que je voudrais visiter.

訪れたい国がたくさんあり ます。

À ce moment-là, j'étais vraiment heureux.

あのとき，私は本当に幸せ でした。

L'homme a gravement été blessé dans l'accident de bus.

男はバスの事故で重傷を負 いました。

blesser：動 ～に傷を負わせる

Il y a eu un terrible accident de train hier.

昨日ひどい電車の事故があ りました。

Aujourd'hui, il fait extrêmement chaud dehors.

今日，外は非常に暑いです。

parfaitement
[parfɛtmɑ̃]
パルフェトゥマン

副 完全に，完璧に

complètement
[kɔ̃plɛtmɑ̃]
コンプレトゥマン

副 完全に

entièrement
[ɑ̃tjɛrmɑ̃]
アンティエルマン

副 完全に，まったく

entier/entière
[ɑ̃tje ɑ̃tjɛr]
アンティエ　アンティエル

形 全部の，全体の

total/totale
[tɔtal tɔtal]
トタル　トタル

形 全体の

pl. では totaux/totales

exactement
[ɛgzaktəmɑ̃]
エグザクトゥマン

副 まさに，正確に

presque
[prɛsk]
プレスク

副 ほとんど

Elle a parfaitement compris du premier coup.

彼女は一回で完全に理解しました。

du premier coup：一度目で

La guitare est complètement cassée.

このギターは完全に壊れています。

cassé(-e)：形 壊れている

C'est entièrement faux.

それは完全に偽りです。

Ce roman est lu dans le monde entier.

この小説は世界中で読まれています。

dans le monde entier：世界中で

Les vacances, c'est le bonheur total.

休暇は完全な幸せです。

C'est exactement ce que je pensais.

それはまさに私が考えていたことです。

J'ai presque fini mes devoirs.

私は宿題をほとんど終わらせました。

la **plupart**	女 大部分，大多数
[plypar] プリュパル	
	複数扱い。

principal / principale	形 主要な，主な
[prɛ̃sipal prɛ̃sipal] プランスィパル プランスィパル	
	pl. では principaux / principales

| **environ** | 副 約，およそ |
| [ɑ̃virɔ̃]
アンヴィロン | |

| la **partie** | 女 部分 |
| [parti]
パルティ | pl. les parties |

| la **part** | 女 部分，分担 |
| [par]
パル | pl. les parts |

la **limite**	女 境界，限界
[limit] リミトゥ	pl. les limites
	複数形で使われることが多い。
	形 境界の，限界の

| **limité / limitée** | 形 限られた |
| [limite limite]
リミテ リミテ | |

Dans la plupart des cas, il faut attendre son tour.

たいていの場合，自分の順番を待たなければなりません。

dans la plupart des cas : たいていの場合

Mᵐᵉ Robin ou Mᵐᵉ Harmand, laquelle est la professeure principale ?

ロバン氏かアルマン氏，どちらが主任講師ですか。

J'ai le rôle principal !

主役を演じます！

J'ai environ un mois de vacances par an.

私は年に1か月ほどの休みがあります。

Ce soir, elle a préparé une partie du repas.

今夜は，彼女が食事の一部を準備しました。

Chacun paie sa part.

割り勘にしましょう。

Demain, tu veux aller quelque part ?

明日どこか行きたい？

Le poids de vos bagages dépasse la limite autorisée.

あなたの荷物の重量が認められている制限を超えています。

autorisé(-e) : 形 許可された

Quelle est la date limite ?

締め切り日はいつですか。

Le temps est limité.

時間は限られています。

le **niveau**
[nivo]
ニヴォ

男 水準，レベル

pl. les niveaux

moyen／moyenne
[mwajɛ̃ mwajɛn]
ムワイヤン ムワイエヌ

形 平均的な

généralement
[ʒeneralmã]
ジェネラルマン

副 一般に

commun／commune
[kɔmœ̃ kɔmyn]
コマン コミュヌ

形 共通の
ありふれた

tel／telle
[tɛl tɛl]
テル テル

形 このような，そのような

不定形容詞

rare
[rar]
ラル

形 まれな

unique
[ynik]
ユニク

形 唯一の

Nous sommes à 300m au-dessus du niveau de la mer.

私たちは海抜 300 メートルの所にいます。

Au Japon, le salaire moyen est de 1000 yens de l'heure.

日本の平均給料は 1 時間につき 1000 円です。

> être de ＋値段・数量：(値段・数量が) 〜である
> de l'heure：1 時間につき

Est-ce qu'elle travaille généralement dans son bureau ?

彼女はいつもはオフィスで働いているのですか。

Nous n'avons aucun point commun.

私たちには共通点がまったくありません。

Je n'ai jamais rencontré un tel homme.

そのような男性に一度も出会ったことがありません。

C'est un oiseau très rare.

あれはとても珍しい鳥です。

Cette chanteuse a une voix unique.

この歌手は独特な声をもっています。

**individuel /
individuelle**
[ɛ̃dividɥɛl ɛ̃dividɥɛl]
アンディヴィデュエル　アンディヴィデュエル

® 個人的な，個別の

privé / privée
[prive prive]
プリヴェ　プリヴェ

® 個人的な

**personnel /
personnelle**
[pɛrsɔnɛl pɛrsɔnɛl]
ペルソネル　ペルソネル

® 個人の，私的な

spécial / spéciale
[spesjal spesjal]
スペスィヤル　スペスィヤル

® 特別の

pl. では spéciaux / spéciales

**particulier /
particulière**
[partikylje partikyljɛr]
パルティキュリエ　パルティキュリエル

® 特別の，個人の

le **particulier**
[partikylje]
パルティキュリエ

男 特殊

pl. les particuliers

en particulier : 特に

public / publique
[pyblik pyblik]
ピュブリク　ピュブリク

® 公共の，公的な

Les repas sont en parts individuelles.

食事は個別に分けられています。

Ma fille prend des cours privés de guitare depuis juin.

娘は6月からギターの個人レッスンを受けています。

Ces informations sont personnelles.

これらの情報は個人的なものです。

Quel est le prix spécial de ce concours ?

このコンクールの特別賞は何ですか。

C'est un type d'animal très particulier.

それは非常に特別な種類の動物です。

Est-ce que tu voudrais manger quelque chose en particulier pour le déjeuner ?

昼食に特に食べたいものある？

Tu devrais savoir qu'il y a différents services publics dans cette ville.
Il n'y a pas d'école publique près de chez moi.

この町にはさまざまな公共サービスがあることを君は知るべきだ。
私の家の近くには公立の学校がありません。

45 la **façon**
[fasɔ̃]
ファソン

女 やり方

pl. les façons

---

la **manière**
[manjɛr]
マニエル

女 やり方
[複数形で] 態度，行儀

pl. les manières

---

le **moyen**
[mwajɛ̃]
ムワイヤン

男 方法，手段

pl. les moyens

---

direct / directe
[dirɛkt dirɛkt]
ディレクトゥ ディレクトゥ

形 直接の

---

directement
[dirɛktəmɑ̃]
ディレクトゥマン

副 直接に

---

la **technique**
[tɛknik]
テクニク

女 技術，【話】こつ

pl. les techniques

---

46 le **nombre**
[nɔ̃br]
ノンブル

男 数，数量

pl. les nombres

Il y a deux **façons** de jouer à ce jeu.

このゲームには 2 通りの遊び方があります。

Le médecin a dit qu'il y avait plusieurs **manières** de régler ton problème de dos.

医師は君の背中の問題を解決するいくつかの方法があると言いました。

Il faut d'abord trouver un **moyen** d'avoir plus d'informations avant de prendre une décision.

決定を下す前に，より多くの情報を手に入れる方法をまず見つけなければなりません。

Ce vol est **direct** pour Tokyo.

このフライトは東京まで直行です。

Ne lui écris pas, parle-lui **directement**.

彼女にメールするんじゃなくて，直接話しなさい。

C'est une **technique** de pêche intéressante.

それはおもしろい釣りのテクニックだね。

Le **nombre** de touristes a augmenté en 2023.

観光客数は 2023 年に増加しました。

le **chiffre** [ʃifr] シフル	男 数字 *pl.* les chiffres
le **taux** [to] ト	男 率，割合
compter [kɔ̃te] コンテ	動 ～を数える，計算する compter + 【動詞の原形】：～するつもりである
réduire＊ [redɥir] レデュイル	動 ～を減らす，縮小する je réduis　nous réduisons tu réduis　vous réduisez il/elle réduit　ils/elles réduisent
augmenter [ogmɑ̃te] オグマンテ	動 【他】～を増やす　【自】増える
dépasser [depase] デパセ	動 ～を越える，追い越す
nombreux / **nombreuse** [nɔ̃brø nɔ̃brøz] ノンブル　ノンブルズ	形 数が多い

Tu connais les chiffres du chômage au Japon ?

日本の失業数知ってる？

Le taux de natalité a baissé dans ce pays.

この国の出生率が下がりました。

taux de natalité : 出生率

Quand j'étais petit, j'aimais compter les étoiles.
Tu peux compter sur moi.

子どものとき，星を数えるのが好きでした。

私に任せて。

compter sur 人 : ～に頼る

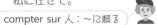

Il essaie de réduire sa quantité de déchets.

彼は自身のごみの量を減らそうとしています。

déchet : 男 ゴミ

Le prix des voitures a augmenté.

自動車の値段が上がりました。

1,90 m !? Il dépasse maintenant son père.

190 cm あるの！？　彼は今ではお父さんを追い抜いているね。

フランス語では, 小数点はコンマを用いる。

La fleuriste a reçu de nombreuses commandes de roses rouges en février.

花屋は 2 月にたくさんの赤いバラの注文を受けました。

commande : 女 注文

double [dubl] ドゥブル	形 ダブルの
la **moitié** [mwatje] ムワティエ	女 半分 *pl.* les moitiés
le **morceau** [mɔrso] モルソ	男 断片，一片，一部分 *pl.* les morceaux
le **reste** [rɛst] レストゥ	男 残り，残金 *pl.* les restes
la **dizaine** [dizɛn] ディゼヌ	女 [une dizaine de ＋名詞] およそ 10 の〜 *pl.* les dizaines
la **douzaine** [duzɛn] ドゥゼヌ	女 [une douzaine de＋名詞] 1 ダースの〜
mille [mil] ミル	数 1000

mille は不変で，複数形がない。
2000 は deux mille。

230

J'ai un lit double dans ma chambre. | 私の寝室にはダブルベッドがあります。

J'ai passé la moitié de mes vacances à lire ces livres. | 私はバカンスの半分をこれらの本を読むために過ごしました。

Il a donné un morceau de poulet aux chats du voisin. | 彼は一片の鶏肉を隣人の猫に与えました。

Il a mangé le reste du gâteau ce matin. | 彼は今朝残りのケーキを食べました。

Ce garçon a une dizaine d'années. | この男の子は10歳くらいです。

J'ai acheté une douzaine d'œufs au marché. | 私は市場で12個の卵を買いました。

Une image vaut mille mots. | 百聞は一見にしかず（ことわざ）。

直訳：1枚の絵は1000の言葉に値する。

le **million**
[miljɔ̃]
ミリヨン

男 100 万

pl. les millions

---

la **mesure**
[məzyr]
ムズュル

女 測定
[複数形で] 措置

pl. les mesures

---

le **centimètre**
[sɑ̃timɛtr]
サンティメトゥル

男 センチメートル

pl. les centimètres

le mètre：男 メートル

---

le **litre**
[litr]
リトゥル

男 リットル

pl. les litres

---

le **poids**
[pwa]
プワ

男 重さ，体重

pl. les poids

---

peser＊
[pəze]
プゼ

動 ～の重さ（重量）がある

je	pèse	nous	pesons
tu	pèses	vous	pesez
il/elle	pèse	ils/elles	pèsent

---

le **gramme**
[gram]
グラム

男 グラム

pl. les grammes

le kilogramme：男 キログラム

Des millions de voyageurs passent par cet aéroport tous les ans.

何百万人もの旅行者が毎年この空港を利用します。

Quelles sont les unités de mesure au Canada ?

カナダの測定単位は何ですか。

unité : 女 単位

Le gouvernement a pris des mesures pour protéger ses citoyens.

政府は国民を守るための措置を講じました。

Le paquet fait trente centimètres de long.

この小包は長さ 30 センチです。

Combien de litres de jus veux-tu que j'achète ?

何リットルのジュースを買ってほしいの？

Ils vendent les épices au poids.

スパイスは量り売りです。

vendre 〜 au poids : 〜を量り売りする

épice : 女 スパイス

Combien de kilos une vache adulte pèse-t-elle ?

成牛 1 頭は何キロありますか。

La souris fait environ vingt grammes.

ハツカネズミは約 20 グラムです。

la **tonne**
[tɔn]
トヌ

女 トン

pl. les tonnes

47 la **date**
[dat]
ダトゥ

女 日付

pl. les dates

l'**époque**
[epɔk]
エポク

定冠詞と一緒に
発音すると
[lepɔk]
レポク

女 時代，時期

pl. les époques

la **mode**
[mɔd]
モドゥ

女 流行

pl. les modes

la **crise**
[kriz]
クリズ

女 危機
発作

pl. les crises

moderne
[mɔdɛrn]
モデルヌ

形 近代の，現代の

actuellement
[aktɥɛlmɑ̃]
アクチュエルマン

副 現在，目下

234

Ça pèse une tonne !　　　　　　それの重さは1トンです！

La date du voyage a été choisie.　旅行の日が決まりました。

Jean-Honoré Fragonard est un
artiste de l'époque rococo.

ジャン・オノレ・フラゴナールはロココ期の芸術家です。

À l'époque, le jaune était à la
mode.

当時，黄色は流行していました。

La crise économique fait rage.

経済危機が猛威をふるっています。

faire rage：猛威をふるう

Je suis allé voir une exposition
d'art moderne avec mes amis.

友人と近代アートの展覧会を見に行きました。

L'enquête est actuellement en
cours.

調査は現在進行中です。

en cours：進行中の

235

actuel / actuelle
[aktɥɛl aktɥɛl]
アクチュエル　アクチュエル

形 現在の，実際の

---

l'avenir
[avənir]
アヴニル

> 定冠詞と一緒に
> 発音すると
> [lavənir]
> ラヴニル

男 未来，将来

pl. les avenirs

---

passé / passée
[pase pase]
パセ　パセ

形 過去の
　　（時刻・年齢が）～過ぎの

---

avant-hier
[avɑ̃tjɛr]
アヴァンティエル

副 おととい

---

la matinée
[matine]
マティネ

女 午前中
　　昼の催し物

pl. les matinées

---

le milieu
[miljø]
ミリユ

男 （空間や時間における）真ん中

pl. les milieux

---

l'occasion
[ɔkazjɔ̃]
オキャズィヨン

> 定冠詞と一緒に
> 発音すると
> [lɔkazjɔ̃]
> ロキャズィヨン

女 機会，チャンス

pl. les occasions

La situation actuelle est compliquée.

現状は複雑です。

Le ministre va décider de l'avenir de cette bibliothèque.

大臣はこの図書館の将来について決断するつもりです。

décider de ～：～について決断する

Il est déjà midi passé. On va déjeuner ?

もう正午過ぎか。昼食とりに行く？

Mes parents ont mangé au restaurant avant-hier.

おととい，両親はレストランで食事しました。

La matinée, c'est mon moment préféré.

午前中は私の好きな時間です。

Le bébé se réveille souvent au milieu de la nuit.

その赤ちゃんは夜中によく起きます。

Le nouvel an, c'est une occasion parfaite pour faire la fête.

元旦はパーティーをするのにぴったりの機会です。

justement [ʒystəmɑ̃] ジュストゥマン	副 まさに
l'instant [ɛ̃stɑ̃] アンスタン　 定冠詞と一緒に 発音すると [lɛ̃stɑ̃] ランスタン	男 一瞬，束の間 *pl.* les instants
bref/brève [brɛf　brɛv] ブレフ　ブレヴ	形 (時間的に) 短い，簡略な
dès [dɛ] デ	前 ～から (すぐに)
lorsque [lɔrsk] ロルスク	接 ～するときに 母音で始まる単語が続く場合，lorsqu'
durant [dyrɑ̃] デュラン	前 ～の間中，～を通して
durer [dyre] デュレ	動 続く，持続する

Salut, on parlait justement de toi !

やあ，ちょうど君のことを話していたんだよ。

Attendez un instant s'il vous plaît.

ちょっと待ってください。

Nous avons pris une décision après une brève discussion.

短い議論のあとに私たちは決断を下しました。

Je t'appelle dès mon retour.

帰ったらすぐに電話します。

Pourriez-vous fermer la porte à clé lorsque vous partirez tout à l'heure, s'il vous plaît ?

あとで出発するときにドアのカギを締めてくれませんか。

fermer la porte à clé : ドアのカギを締める

Ma collègue a proposé plusieurs idées durant la discussion.

議論の中で私の同僚はいくつものアイデアを出しました。

La pièce de théâtre dure environ une heure et demie.

劇の演目は約1時間半です。

pièce : 囡 劇作品

quotidien / quotidienne
[kɔtidjɛ̃ kɔtidjɛn]
コティディヤン コティディエヌ

彫 毎日の，日常の

régulièrement
[regyljɛrmɑ̃]
レギュリエルマン

副 規則的に

quelquefois
[kɛlkəfwa]
ケルクフワ

副 ときには

⁴⁸ **l'ordre**
[ɔrdr]
オルドゥル

> 定冠詞と一緒に
> 発音すると
> [lɔrdr]
> ロルドゥル

男 順番，秩序

pl. les ordres

suivant / suivante
[sɥivɑ̃ sɥivɑ̃t]
スュイヴァン スュイヴァントゥ

彫 次の

la **suite**
[sɥit]
スュイトゥ

女 続き

pl. les suites

finalement
[finalmɑ̃]
フィナルマン

副 最後に，ついに，結局

240

Son trajet quotidien lui coûte 10 euros.

毎日の移動に彼は 10 ユーロかかっています。

Mes parents vont régulièrement au théâtre.

両親は定期的に劇場に行っています。

Je vais quelquefois pêcher seul à la rivière.

ときどき私は一人で川に釣りに行きます。

Pardon d'avoir oublié de classer les documents par ordre alphabétique.

資料をアルファベット順にするのを忘れてしまいすみません。

classer：動 ～を分類する alphabétique：形 アルファベットの

Je prends le train suivant.

次の電車に乗ります。

Je suis curieux de connaître la suite de l'histoire.

話の続きが知りたいです。

être curieux/curieuse de +【動詞の原形】：～したがる

Il est finalement arrivé après un vol de vingt heures.

20 時間のフライトのあと，彼はようやく到着しました。

49 rarement
[rarmɑ̃]
ラルマン

副 めったに~ない，しない

guère
[gɛr]
ゲル

副 [ne ~ guère] ほとんど~ない，しない

ni
[ni]
ニ

接 [① ne ~ pas A , ni B または ② ne ~ ni A ni B] A も B も~ない，しない

AとBが名詞の場合，②は無冠詞で，①はne ~ pas <u>de</u> A, ni <u>de</u> Bとなる。

aucun/aucune
[okœ̃ okyn]
オカン オキュヌ

形 [ne, sans とともに] どんな~も…しない，…でない　不定形容詞

pas de ~の代わりに用いて強調する。

nul/nulle
[nyl nyl]
ニュル　ニュル

形 ゼロの，無能な，無価値の

50 car
[kar]
キャル

接 なぜなら

puisque
[pɥisk]
ピュイスク

接 ~なのだから，~である以上

母音で始まる単語が続く場合，puisqu'

Mon cousin va rarement à la
bibliothèque.

いとこは図書館にめったに
行きません。

Les nouvelles ne sont guère
bonnes depuis novembre
dernier.

去年の11月以降のニュース
はほとんどいいものではあ
りません。

Cette bouteille de vin n'est ni
pleine ni vide.

このワインボトルはいっぱ
いでも空でもありません。

Il n'y a aucun problème.

何の問題もありません。

Mon grand frère est
complètement nul en ski.

私の兄はスキーがまったく
駄目です。

être nul en ～：～がまったくできない

Il n'est pas venu car il avait de la
fièvre.

彼は熱があったので来ませ
んでした。

Son collègue ne l'a pas vu entrer
puisqu'il était dos à la porte.

彼の同僚はドアに背を向け
ていたため，彼が入ってく
るのが見えませんでした。

243

sauf [sof] ソフ	前 ～を除いて，～は別として ～でない限り
pourtant [purtɑ̃] プルタン	副 しかし，それでも
cependant [səpɑ̃dɑ̃] スパンダン	副 しかしながら，にもかかわらず
malgré [malgre] マルグレ	前 ～にもかかわらず
selon [səlɔ̃] スロン	前 ～によれば，～に応じて
bref [brɛf] ブレフ	副 要するに
ainsi [ɛ̃si] アンスィ	副 このように，そのように

La réunion est obligatoire, sauf si vous êtes malade.

病気でない限り，会議への出席は義務です。

obligatoire：形 義務の

Elle n'a pourtant pas tort.

それでも彼女は間違っていません。

Cependant, il ne faut pas oublier qu'on est tous différents.

しかしながら，人はみんな異なることを忘れてはなりません。

Malgré la pluie, les enfants ont joué dehors jusqu'à l'heure du dîner.

雨にもかかわらず，子どもたちは夕食まで外で遊びました。

Selon vous, qui va gagner le concours ?

あなたの予想では，誰がコンクールで優勝すると思いますか。

Bref, le garçon n'a rien compris.

要するに，この少年は何も理解していませんでした。

C'est ainsi qu'il est devenu chanteur.

こうして彼は歌手になりました。

見出し語の索引

松川 雄哉（まつかわ ゆうや）

　早稲田大学商学部専任講師。ラヴァル大学大学院言語学研究科博士課程修了（言語教育学）。専門は第二言語語彙学習，ケベック研究。南山大学外国語学部フランス学科講師を経て，2021年度より現職。2021・2022年度 NHK「旅するためのフランス語」に出演。そして2023年度「しあわせ気分のフランス語」に出演中。

© Yuya Matsukawa, 2023, Printed in Japan

仏検3級レベル重要単語

2023年11月30日　　初版第1刷発行

著　者　松川 雄哉
制　作　ツディブックス株式会社
発行者　田中 稔
発行所　株式会社 語研
　　　　〒 101–0064
　　　　東京都千代田区神田猿楽町 2–7–17
　　　　電　話 03–3291–3986
　　　　ファクス 03–3291–6749
組　版　ツディブックス株式会社
印刷・製本　シナノ書籍印刷株式会社

ISBN978–4–87615–398–5 C0085
書名　フツケンサンキュウレベルジュウヨウタンゴ
著者　マツカワ　ユウヤ
著作者および発行者の許可なく転載・複製することを禁じます。

定価：本体 2,400 円＋税（10%）［税込定価 2,640 円］
乱丁本，落丁本はお取り替えいたします。

株式会社語研
語研ホームページ https://www.goken-net.co.jp/

本書の感想は
スマホから↓